小学语文教学与阅读能力培养研究

王瑞亚　姚　峰　封志红◎著

中国出版集团　现代出版社

图书在版编目（CIP）数据

小学语文教学与阅读能力培养研究 / 王瑞亚，姚峰，封志红著 . -- 北京：现代出版社，2023.9

ISBN 978-7-5231-0555-9

Ⅰ. ①小… Ⅱ. ①王… ②姚… ③封… Ⅲ. ①阅读课-教学研究-小学 Ⅳ. ①G623. 232

中国国家版本馆 CIP 数据核字（2023）第 175710 号

小学语文教学与阅读能力培养研究

作　　者　王瑞亚　姚　峰　封志红
责任编辑　刘　刚
出版发行　现代出版社
地　　址　北京市朝阳区安外安华里 504 号
邮　　编　10011
电　　话　010-64267325　64245264（传真）
网　　址　www. 1980xd. com
印　　刷　三河市宏达印刷有限公司
版　　次　2023 年 9 月第 1 版　2023 年 9 月第 1 次印刷
开　　本　185 毫米×260 毫米　1/16
印　　张　10. 75
字　　数　237 千字
书　　号　ISBN 978-7-5231-0555-9
定　　价　68. 00 元

前　言

语言文字是人类最重要的交际工具和信息载体，是人类文化的重要组成部分，语文作为语言和文字的综合科目，历史悠久，底蕴深厚。语文知识包罗万象，语文中所蕴含的听说读写等能力更是学习其他学科的基础。小学语文的学习不仅能够提升学生的理解分析能力，也会影响学生以后的人文素养以及道德情操。从听说读写等基础知识的学习以及书写和阅读习惯的培养，到为学好其他课程奠定基础，进而到为学生形成正确的世界观、人生观、价值观，形成良好的个性和健全人格做铺垫，为学生的全面发展和终身发展提供保障，以及继承和弘扬中华民族优秀文化传统，增强民族文化认同感，增强民族凝聚力和创造力，语文都具有不可替代的优势。

基于此，笔者以“小学语文教学与阅读能力培养研究”为题，首先分析小学语文教学的核心元素、小学语文教学的具体内容、小学语文教学技能与策略；其次探讨小学语文阅读能力培养的集体推动、小学语文阅读能力培养的方法进阶、小学语文阅读能力培养的智慧展望。

在本书的构思和写作过程中，笔者力图体现以下特性：

第一，导向性。教育要着眼未来，着眼学生核心素养的形成。本书的每一篇章都是站在学生的立场，聚焦学生实际获得感的教育教学研究成果。从目标达成上，指向的是核心素养；从方式方法上，构建的是学本课堂。这对当前小学语文教学具有一定的导向作用。

第二，科学性。教育要遵循规律，遵循学科发展和学生成长的客观规律。教育的专业性就体现在科学性上。小学阶段的学生正值语言学习与运用的关键期，教育的科学性格外重要。为此，本书阐述的“识字写字教学”“阅读教学”“写话与习作教学”“口语交际教学”，都以当代先进教学理论和实践经验为基础，符合小学语文学科教学的基本规律。

由于水平有限，尽管小心翼翼，也难免出现一些疏漏。书中若有缺陷之处，敬请广大读者批评指正，若能对广大读者有所裨益，笔者将不胜欣慰。

目 录

上篇　小学语文教学体系研究

第一章　小学语文教学的核心元素

第一节　小学语文教学的目标

一、小学语文教学目标的基本特性

“小学语文的性质是交际性的基础工具，是认识世界、改造世界、进行交际和思维的工具”①。学生在语文课中学习语言，进行听、说、读、写、书（写字）训练。在核心素养视域下，语文课不仅从思想方面发挥作用，更主要的是从表达方面发挥作用；不仅要理解课文的内容，更要学习课文的表达形式。语文教学的着眼点在表达形式方面，即其是交际的手段和工具。根据小学语文课的性质，小学语文教学目标具有以下特性。

（一）语言性

语文学习的主要内容是祖国的汉语和汉文。小学语文教学的最主要目标是：掌握语言知识，发展语言能力。儿童在进入小学之前已学会初步的语言，尤其是口语已有相当水平，可以进行日常的表达和交流。但这种语言能力是不规范的，是一种“自在的语言”。小学语文教学目标就是在学生已有语言能力的基础上，通过系统的语文学习和训练，使学生较全面地掌握听、说、读、写、书的种种运用方式和理解方式，使学生的语言能力从“自在”的水平上升到“自觉”的水平。

（二）交际性

“交际”的含义指的是语言的理解和运用。语文能力的训练是一种社会交际能力的训练。按照信息论的观点，语文能力是借助语言文字吸收、加工、储存和输出信息的能力，在社会生活中，除了口头的信息交流外，还必须凭借广泛的书面语言交流，以克服时空限制，扩大交际效果。小学语文教学目标要联系学生的生活和社会交际，注重实用性，把着眼点放在语言的形式方面，突出语文学科的交际工具的性质。

①饶满萍．小学语文教学设计与实施［M］．成都：西南交通大学出版社，2019：67.

（三）综合性

语文能力是一个整体，是语言、知识智力、品德等多因素的有机结合。语文教学目标与其他学科的教学目标相比，所包含的内容更为广泛。首先，小学语文教学目标的综合性表现在语文内部听、说、读、写各项能力的相互联系、相互促进，整体发展。其次，小学语文教学目标的综合性还表现在语文与其他因素有机联系，互相制约，均衡发展。小学语文教学目标的设计，必须处理好语文内部以及语文与其他外部因素之间的关系，建立纵有序列、横有联系的目标结构，结合提高学生的“一般能力”。根据以上特点，小学语文教学目标的主要内容是：①语文知识、技能目标（基础知识、基本技能）；②语文能力目标（听、说、读、写、书的能力）；③智力发展目标（注意力、记忆力、思维力、想象力、创造力等）；④情感及品德目标（道德、思想、政治等）；⑤非智力心理因素目标（习惯、审美能力、个性等）。

从总体来看，以前编制的小学语文教学目标范围过窄，多局限于知识的获得，其他方面考虑甚少。这样的教学目标不适应小学语文课的性质，不利于新时期对小学生语文学习的要求。当然，这并不意味着小学语文教学目标的内容越多越好，而应根据不同条件有所侧重，在“全面”中求“个性”。

二、小学语文教学目标遵循的原则

在核心素养视域下，小学语文教学目标设计的总体要求是既要符合小学语文教学的性质、目的任务，又要系统反映小学语文的知识体系和目标体系，还要尽可能具体化，使其具有可行性和可测性。设计小学语文教学目标应遵循以下原则。

（一）教育性的原则

小学语文教学是小学教育的重要组成部分，它的教学目标必须体现小学教育的总体目的，促使学生在德、智、体、美等方面都得到发展。“文以载道”，小学语文教学目标要注意德、智、体、美诸方面教育的落实，使语文教学成为实现学生全面发展的重要教育途径。当然，这并不意味着把教育性内容简单地搬到小学语文教学目标中，而应从小学语文教学的特点出发，充分发挥小学语文知识本身的教育性。例如，对语文内容的讲解，不能就事论事，而应就事论理，在“我是什么”一课的教学目标中不仅要使学生了解水的“三态”，还要使学生初步形成“事物在一定条件下发生变化”的观念，这就为学生正确认识世界奠定科学的思想基础。

（二）可行性的原则

编制小学语文教学目标要考虑教学实际，保证目标切实可行。好的目标体系应该既能体现语文教材的实际，力求反映语文教学大纲的要求，又能注意到学生原有的语文基础和发展水平。如果目标定得过高，学生不易接受，就会造成消化不良。目标定得过低，又不能激发学生的学习欲望。语文教学目标中哪些知识应该掌握，掌握到何种程度，要反复权衡。

（三）系统性的原则

编制小学语文教学目标，受到目标分类系统和语文知识系统的双重制约，好的教学目标是一个完整的二维结构体系。教学目标在教材中的呈现是阶段性和累积性的。不同的教学阶段，教学目标的侧重点是不一样的：课始，侧重于感知；课中，侧重于理解；课末，侧重于巩固。同一教学内容在不同阶段出现，其能力水平的要求和目的是不同的：课始的朗读，要求读准字音；课中的朗读，旨在读中理解；课末的朗读，为的是培养语感。编制小学语文教学目标，要从整个目标系统出发，体现阶段性和整体性的统一。一篇课文的教学目标是一个完整的系统，可以分解为相互之间有机联系的若干子目标，这些子目标既可向更高层次的目标结合，又可向更低层次的目标推演，从而形成上下贯通、前后衔接的目标网络。

（四）可测性的原则

编制小学语文教学目标要做到具体化，目标中的知识点和能力水平都要有明确而具体的规定，避免产生歧义，并能通过某种测量手段验证目标的达成度。当然，由于目前测量手段的局限，小学语文教学中有些内容很重要，但不具有可测性，却又是教学目标之一。例如，许多课文包含着创造的因素，可以直接用来训练学生的创造力：寓言和童话带有深刻的哲理，而且思维比较独特，有利于培养思维的新颖性、独特性；文艺性作品，适用于培养创造性想象。《草船借箭》凸显了诸葛亮思维的创造性，《小交通员》描绘了欧阳立安思维的变通性，《跳水》赞扬了老船长思维的独特性，《司马光》包含典型的逆向思维，"壶盖为什么会动"则全面介绍了创造发明的整个过程。这些包含着创造思维训练的因素，应作为小学语文教学目标之一。

三、小学语文教学目标的设计程序

小学语文教学目标的编制是一个复杂的系统，一般分以下三个程序。

（一）厘清语文的综合知识体系

制定小学语文教学目标的第一步，就是分析理解教材所包含的知识体系，把语文知识具体化、序列化。这一过程主要包括：①确定小学语文的知识结构；②划分知识单元；③整理知识点；④明确知识要素。

（二）明确知识点间的学习水平

在小学语文知识结构确定后，就要决定每一个知识点的学习起点和学习水平。一般分两步进行：第一步，确定小学语文采用的目标分类体系。到目前为止，小学语文的教学目标分类大多数以布鲁姆的认知目标分类学为理论框架，或稍加改变，把原来的八级水平变成五级或四级，如把六级水平合并为四级水平：识记、理解、简单应用、综合应用。这里的“简单应用”相当于原来的“应用”；“综合应用”包括分析、综合、评价三个层次。第二步，明确每个知识点的学习水平。这需要参照小学语文教学大纲对知识深度、广度的要求以及小学语文教材对知识的处理，形成每个知识点的学习水平。

（三）确定教学目标的表述方式

目标的表述，是指把小学语文教学目标分类框架和小学语文知识内容综合起来的一种陈述。通常有两种表述方式：第一，双向细目式。在这种表达方式中，一维以知识点为序展开，另一维是目标分类学中的学习水平级别，每一个知识点定出相应的学习水平，形成一个教学目标表格。第二，条目式。把每个知识点和内容结合起来，用一个行为动词组成的句子表述教学目标。这两种教学目标的表述方式各有优缺点。前者有助于教师形象地掌握应教的知识内容和各知识点在学习水平上的差异，有利于突出教学重点，突破教学难点。后者容易被教师理解，但是，如果条目过多，就会给人以零乱和冗长的感觉，缺乏整体性。

四、小学语文教学目标的落实策略

（一）教学目标与课程目标的相对应

语文教学目标的设计应包括以下内容。

第一，学会：习惯、积累和了解。阅读习惯的培养，如诵读、查工具书、圈点勾画、看注释、做笔记、看“说明”和“目录”、阅读姿势等。积累，如积累字词、积累语文常识、积累篇章等。了解是对知识而言的，主要为了解表达方式、文学样式、语法知识等，通过训练加深理解，熟能生巧。

第二，会学：体验、感悟和揣摩。体验要求学生要有原始阅读的感受。感悟是建立在阅读体验之上的一种心理过程。揣摩就是反复思考推求，揣摩的内容有字词的精妙、句子的隐含意义、深刻含蓄的题旨、独具匠心的表现手法，揣摩是从体验走向感悟的必然过程。

第三，乐学：评价、鉴赏和探究。评价要求学生对阅读的内容进行优劣是非的判断，是阅读能力和判断能力的结合。鉴赏，就是对书面文字所提供的信息能够引起想象，留下无限的思维时空。探究，要求学生充分利用课本，发现问题，提出问题，自行探讨，寻求结论，学语文、爱语文。

（二）厘清语文教学目标的基本要素

一般情况下，一个完整的教学目标由四个基本要素构成：行为主体、行为动词、行为条件、表现程度。例如，学生能够不看教材准确无误地复述课文内容，行为主体是“学生”，行为动词是“复述”，行为条件是“不看教材”，表现程度是“准确无误”。再如，学生默读现代文每分钟不少于400字，行为主体是“学生”，行为动词是“默读”，行为条件是“现代文”，表现程度是“每分钟不少于400字”。当然，有时为了简练，在不会引起误解或歧义的前提下，省略行为主体或行为条件，如“在有感情地朗读中体会自然之美”，便省略了行为主体；“了解侧面描写的作用”，便省略了行为主体和行为条件。明确基本要素，能够使教师对教学目标有更清晰的把握，从而科学合理地设计教学过程，减少教学的盲目性、随意性。

（三）确定学生作为教学的行为主体

以学生为中心，是新课改的基本理念之一。在表述教学目标时，必须从学生的“学”这一角度出发，而不能从教师的“教”出发。因为，教学活动是否成功，不是要看教师教得怎样，而是要看学生学得怎样。因此，表述教学目标时必须从学生的角度出发，行为主体必须是学生。尽管有时作为行为主体的学生在表述中没有出现，但也必须是隐含着的。

（四）科学选择恰当的教学表述方式

一般情况下，教学目标基本的表述方式有两类：结果性目标表述方式；体验性或表现性目标表述方式。有些目标具体明确，对学生的表现程度能够准确评价或测量，就应当使用结果性目标表述方式。有些目标比较模糊，对学生的表现程度很难进行准确评价或测量，就应当使用体验性或表现性目标表述方式。一般而言，“知识和能力”维度应尽量使用结果性目标表述方式，行为动词要明确、可测量、可评价，如使用“背诵辨认”“举例”“概括”“区别”等动词。“过程和方法”“感情态度和价值观”方面的目标大多要使用体验性或表现性目标表述方式，行为动词往往是体验性的、过程性的，如“感受”“体验”“养成”“树立”“尝试”等动词。

第二节　小学语文教学重难点

“在小学语文教学中一些知识点教师反复讲解、分析学生也难以理解并掌握，这些难点问题却恰恰是教学的重点。突破重点难点不但是教师教学工作中的重中之重，对学生个人的成长与发展也有积极促进作用”①。

一、小学语文教学重难点的设计依据

教师在进行教学设计时一定要注意设计好教学的重点和难点，教学重难点的设计有助于教师在教学过程设计、教学方法设计、教学评价设计以及实施教学设计过程中更好地突出重点和难点。小学语文教学重难点要依据一定的标准或在一定的前置性分析基础上进行设计。

（一）基于语文课程标准进行设计

语文课程的基本理念是全面提高学生的语文素养、正确把握语文教育的特点、积极倡导自主、合作、探究的学习方式、努力建设开放而有活力的语文课程。目标的设计着眼于语文素养的整体提高。课程目标部分具体讲了教学中应该达到的最基本的目标，这些具体目标就是我们教学的重难点。这部分分为“总体目标”和“学段目标”。学段目标就更具体地告诉我们教学中应该达到的目标。把握好这些“目标”，就能从宏观和中观上把握住小学语文教学的重点和难点。

（二）基于语文教材分析进行设计

义务教学课程标准只是我们分析小学语文教学重点和难点的宏观和中观依据，只是指引我们分析教学重点和难点的大致方向，针对具体教材而言，教学的重点和难点又各有具体性，需要依据前置的教材分析设计教学的重点和难点。

①陈军．小学语文教学中突破重难点策略研究［J］．新课程，2021，No. 578（22）：176.

（三）基于语文学情分析进行设计

在小学语文教学过程中，教师除了依据前面提到的课程标准、教材分析等确定教学重点和难点外，学情分析也是确定教学重点和难点的另一重要依据。教师要根据班级的具体情况确定相应的教学重难点，要考虑学生的知识、能力和素质基础，综合考虑学生的已知、未知、应知和能知的情况，科学确定教学重难点。如低学段的教学重难点和高学段的不同，语文整体水平高的班级和水平较差的班级的教学重难点有区别，不同区域学生教学的重难点也有差异。

（四）基于语文教学目标进行设计

此处所言“教学目标”指微观层次上的教学目标，即具体教学内容（章节、课文）的教学目标。一节课的教学目标其实就体现了该节课的重点和难点，但不是所有的教学目标都是重点和难点。

（五）基于语文教学内容进行设计

一节课可以教的内容很多，不同的教师对教学内容的设计不尽相同。例如一篇课文可教的内容包括作者生平、写作背景、识字写字、课文主要内容、人物思想、写作表达方法等，但在教学有限的时间内不可能面面俱到，因此教学内容的设计是教师在分析教材的基础上必须做好的基本工作。根据教师设计的教学内容，自然就会体现不同的教学重点和难点。例如，有的课文以学习写作表达手法为主要内容，对应的，这种写作表达手法就可能是本节课的重点或难点，而作者的生平或写作背景就不大可能是重点或难点。

二、小学语文教学重难点的突破途径

在分析教材、教学内容和学情的基础上，确定了教学重难点之后，还需要在教学中突破重难点。小学语文教学重难点的突破一般有两种途径：一是方法上的突破；二是工具上的突破。

（一）方法上的突破

突破小学语文教学重难点的方法是广义上的方法，并不单指语文教学方法，还包括一切教学方法之外不违背科学或生活常识的其他方法。

运用教学方法突破教学重难点最常见的例子是情境教学法的运用。例如，在《地震中的父与子》一文中，为了感悟父亲的了不起和父爱之伟大，教师引导学生抓住关键句“他挖了8小时，12小时，24小时，36小时，没人再来阻挡他”来启发学生想象当时情景，在这罗列出来的漫长的时间中，父亲都做了些什么，可能碰到什么困难，他的想法是怎样……学生只有充分地感受到时间之漫长、过程之艰辛、境况之危险、父亲之执着，才能真正从这几个简单的数字中读出那震撼人心的如山的父爱，也才能领悟作者罗列数字的深意。

除了情景教学法常用来突破教学重难点之外，其他各种教学法也都有可能运用在不同的场合突破不同的教学重难点。教学方法的功能本来就包括用来突破教学重难点，因此研究不同教学方法的特点和功能，有利于教师运用教学方法实现突破教学重难点的目的。

（二）工具上的突破

1. 利用传统直观的工具突破重难点

小学生尤其是低年级学生，正处于从具体的形象思维向抽象的逻辑思维过渡的发展时期，他们容易接受具体形象的事物。传统的教学工具或手段基本属于直观的工具或手段，运用这些直观的工具或手段，能较好地将学生的具体形象的思维与抽象思维关联起来，较好地达到突破教学重难点的目的。例如，《比尾巴》一课的教学重难点是理解句意，理解课文内容，知道六种小动物尾巴的特点。对这篇课文的重难点的突破，教师可以在教学过程中用直观教具突破的方式，用彩色的卡纸制作出六种小动物的模型，而后结合新课导入问题设计、板书设计，将六种小动物的模型贴到黑板上，让学生仔细观察小动物的尾巴，并结合动物模型训练学生的口语表达能力。低年级的孩子抽象思维能力差，直观醒目的教具不仅能刺激学生的视觉，而且还能满足孩子的好奇心与求知欲，激发孩子的学习兴趣，使他们较快掌握文章内容，进而起到突破重难点的作用。

2. 利用多媒体教学工具突破重难点

信息技术发展到今天，多媒体辅助教学已经越来越普遍，多媒体教学工具的运用日益凸显出其提高课堂教学效果的优势。多媒体工具和手段在提高小学语文课堂教学效果方面的一个突出表现就是它能在很多方面轻松突破教学重难点。

当传统的挂图、表格等机械型工具在突破教学重难点方面表现得无能为力或效果不明显时，多媒体教学工具的技术优势就充分显示出来了。例如，在教授“飞”字时，教师使用FLASH动画展示一只在天上展翅高飞的鸟儿，鸟儿飞着飞着，它的身体就慢慢变成了“飞”字的形状。随后动画突出鸟儿的一双翅膀不停地扇动，慢慢地这对翅膀又变成了“飞”字的第二笔和第三笔。学生很快就记住了这个字，更重要的是对第二笔和第三笔的“由来”也有了深刻的印象。

充分发挥多媒体教学工具的优势，是现今小学语文教师突破课堂教学重难点的必然选择，这也要求小学语文教师要认真学习并掌握一定的多媒体辅助教学技术。当然，任何一种方法或任何一种工具都只能在一定的范围或领域中对突破某项教学重难点有明显的效果，但却没有任何一种方法或手段在突破小学语文课堂教学重难点时是通用且都高效的。教师必须根据实际情况，尤其是依据学情和技术条件，针对性地选择可用的、能用的、合适的方法或手段去突破教学重难点。

第三节　小学语文教学的过程

小学语文教学过程是小学语文教学活动的展开过程，该过程要遵循学生认知规律和学习心理，体现一定的教学顺序。换言之，小学语文教学过程是指一节语文课要安排哪些环节，按何种节奏、方式或模式组织这些环节的流程。小学语文教学过程是在教材分析、学情分析、重难点分析、教学方法设计等基础上将这些教学设计的要素组合融入教学的一个过程。教学设计的其他要素都要通过教学过程才可以实现各项设计的目的。离开教学过程，小学语文教学设计的所有内容均只能停留在思想层面。

核心素养理念下的小学语文课堂教学过程应该是师生互动、生生互动的过程，是教师调动学生发挥学习主动性去主动探究和学习的过程。教学过程应该是一个动态生成过程，在教学中让学生有新的发现和新的观点，所以教学过程不能一成不变，而应该保持一定的弹性和灵活性。

一、小学语文教学过程的设计优化

（一）个体差异是教学过程设计的出发点

学生是有差异的学习个体，尽管他们有许多相同的地方，但在学习兴趣、学习能力和学习方法上还是有差异的，而教学设计是从总体上对教学过程的安排，在教学过程中必须充分考虑到学生的个体差异，真正做到面向全体学生。单一的死板的教学设计将导致学生根本不清楚这堂课的学习目标和学习任务，更不要说将个体差异扬长避短，使每个个体得到最优发展。

在课堂教学中，由于教学进度紧张，课堂上没有足够的时间为学生提供独立活动的舞台，让每一个学生都有参与活动的机会，因此就很难充分发挥学生的主观能动性，使之更好地吸取知识、信息并运用知识进行创造。在教学设计中，必须要体现学生学习主动性的发挥，对教学问题的理解和学习，要留有余地，让学生有主动探究与学习的空间。

（二）教学过程要与学生的社会生活联系

新课程要求教学加强与生活、社会的联系，关注语言运用所带来的社会问题，培养学生社会参与意识和对社会负责任的态度。因此，教师在上课时，应充分考虑学生所熟悉的社会实际情况及风俗习惯等，敏锐把握“社会热点”，“抛砖引玉”，创设“问题”框架，引导学生进行探究。这样才可以使学生认识到文本的现实意义，使学生学有所得，学有所用，触发学生的情感和求知欲，提升学生课堂内外的学习兴趣。

（三）语文教学过程的设计要有情感渗透

语文教学目标是多维的，有知识目标和能力目标，也有情感教育目标。在教学过程中要重视情感目标的设计和完成过程。要利用现代化教学技术，营造情感氛围，消除情感障碍。运用教学情境对学生进行情感渗透。在教学中，让学生感受到老师对他的爱，激发健康情感，对自身能力充满自信，从而产生积极学习的动机。让学生在学习语文知识的同时，根据教学内容体会和感悟教学情感，引导学生树立正确的人生观和价值观。

小学语文教材具有很强的生活性和教育性，在教学中应引导学生联系社会实际学习课文，利用学生身边的生活资源理解教学内容和深化认识。小学语文课堂教学过程应该是丰富多彩的互动课堂，精心设计课堂教学准备，设计好课堂教学过程，设计好课堂教学作业和辅导，提高教学效果。

二、小学语文教学过程的具体实施

小学语文教学过程设计之初并不能将所有的可能都悉数考虑进去，教师在实施教学过程时，要在教学过程设计的基础上，有必要也有可能根据实际情况及时调整教学过程设计。

（一）新课的导入

第一，新课导入要求适度、规范。新课导入从时间和节奏上要适度，不能混淆了教学过程环节的主次，方法与手段适量，能达到目的即可。新课导入要严格注意遵守基本规范，即不能偏离教学目标和教学内容。新课导入环节本来就是为完成教学目标而服务的，必须与课堂教学内容紧密关联。

第二，新课导入要求灵活、机动。导入方式再好，若没变化地运用，其教育成果可想而知。依教材特征、学生已学知识及其心理特性，运用各导入法方可令学生抱有好奇心，时刻保持着乐于学习的状态。

第三，新课导入要求精简、概括。导语作为教学开头，无法取代课文内容。设计时所用语言及方式需精准，从现实出发，以教学内容为主，尽量精简设计，还需将时间长度控制在两三分钟内。

第四，新课导入要求巧妙、有趣。兴趣能调动人们对某事物或活动认识的积极性，促进学生内在学习，激发其渴求知识的欲望。所以设计导语需高度提炼，虽仅有几句也需做到言之有趣，并将趣味性同知识相融合。由此能激发学生浓厚的学习欲，全面理解所学内容。

（二）新课的讲授

在认真分析教学目标、教材内容、重难点以及分析学情的基础上设计好新课讲授环节后，新课讲授环节就应当按照预先的设计逐步实施教学，根据课堂教学进程和实际情况，适时调整教学方法、教学流程和时间安排等。新课讲授方面涉及识字、写字与汉语拼音教学、阅读教学、写作教学、口语交际教学、综合性学习等，具体要求在本书中其他章节进行了详细探讨。

（三）巩固与总结

第一，紧扣教学目标，抓住核心问题。整堂课就紧紧围绕着几个问题，作课堂总结时，全方位解答这几个问题，前后呼应。例如，《争论的故事》这篇课文有几个需重点把握的词语，如“不以为然、争论不休、两全其美”等。以教学“争论不休”为例，教师通过与学生角色扮演的形式，把学生自然而然地引入争论的情境，水到渠成地完成了“争论不休”整个词语意思的把握。紧接着出现“休”字义项的选择，学生轻松掌握。在教学“两全其美”时，教师通过联系上下文的方法“对于老人的建议，兄弟俩满意吗?”引出对“两全其美”的理解，不露痕迹，顺其自然。读课题质疑：那么，谁与谁争论，为什么争论，怎么争论的，争论的结果怎么样？这个故事说明了什么？带着这些问题读书，讨论。要下课时，结合板书，将原先的问题一一要学生回忆、作答，突出主题内涵。

第二，采用多样化的方式进行巩固总结。根据不同的文体与教学内容，教师可采取不同的巩固总结方式，以此激发学生的学习兴趣。例如，可以运用图表、口诀的方式巩固总结，这种方式条理清晰，简单明了，便于学生记忆，复习。也可以创设情境进行巩固总结。创设情境在小学语文教学过程中的任何环节都可以使用。还可以联系实际巩固总结，通过抒发情感，深化课堂教学效果。

第三，巩固与总结紧密结合。在巩固中总结，在总结中巩固，是小学语文教学过程中必须牢牢把握的一个基本点。单纯的巩固等于简单的重复，单纯的总结实际上是突然的转折，巩固与总结必须紧密结合，这也是本书将巩固与总结合并在一起作为一个统一环节的原因之所在。

第四，可与回顾整体结合。课结束以后，教师可以通过小结与学生一起回顾所学知识，加强学生的记忆，巩固新知识。小结时，也可以利用板书，让学生归纳有哪些知识点，哪些是重点、难点。可以提高学生的口语表达能力以及概括归纳能力，并使有关的教学内容系统连贯，相对完整。学生对于相对完整的知识容易理解，也就容易掌握。

第五，以悟促读，品味语言美。在《槐乡五月》这篇课文的教学中，教师设计了几处对语言文字的推敲。如读到“她们飘到哪里，哪里就会有一阵清香”时，追问学生，此时怎么不用“走”，而用“飘”，引导学生结合上下文体会，小姑娘走路时非常轻快，由此可见，她们的内心是十分快活的。一个“飘”字中蕴藏着槐乡孩子的“乐”，这是何等精妙！因此教师设疑，激发学生探究的热情，让学生感悟、品味、体会文章遣词造句的精妙，从而总结了全文。

第六，与情感提升相结合。在课堂总结时，可以再次让学生有感情地朗读全文，边读边注意小作者的感情变化。如《雪儿》是一篇文质兼美的文章。课文讲述了“我”为受伤的雪儿疗伤并精心照料它，直到让它飞上蓝天的故事，表现了“我”爱鸟的美好心灵，也流露了“我”对自由生活的热爱与向往。学生在朗读课文的时候，感受小作者以雪儿的快乐而快乐，以雪儿的幸福而幸福的情感。教学中教师可以引导学生围绕三个问题以小组合作的形式展开自主探究学习：雪儿是一只怎样的鸽子？“我”对雪儿有着怎样的感情？引导学生抓住“不怕任何艰难险阻”“飞越千山万水”“蓝天信使”等词句体会雪儿内在的美。通过“展开双翅飞起来了”“又飞回来阳台，转着圈儿咕咕直叫”“望望我，似乎在向我祝福”等词句，感悟雪儿是一只向往蓝天又极通人性的鸽子。在有所悟的基础上，引导学生感情朗读。让学生通过声情并茂的朗读，使自己的情感与作者的情感产生共鸣，进而达到融为一体的境地。总而言之，让学生质疑问难，结合板书，回归整体，以悟促读，品味语言美的意境，抓住情感主线，深化主题思想。学生不仅掌握了书本上的知识，而且拓展了知识面，使学生学中用，用中学。这也是我们每一位语文老师对教学有效性的终极追问和思考。

第七，巩固总结的时机。巩固总结环节并非固定在某个时段，例如固定在新课讲授之后或作业布置之前，而是需要根据课堂进展情况灵活地予以安排。新课讲授过程中，部分内容学习完之后，及时予以巩固或总结是有必要的，不必等到所有内容学完后一次性地进行巩固总结。至于巩固总结到底要出现多少次以及出现在什么时机，是分开进行还是结合进行，则需要授课教师根据学习的内容和学生学习的情况灵活把握。

（四）作业的布置

第一，要重质减量。针对语文作业要归类分析，按功能划分。例如，把注音本、田字本、大横格三项作业合成一项，这三项作业基本上都是对字词句的认知训练，大都集中在大横格上，字词每个两遍，要求背诵的课文抄一遍。

第二，要多布置自主性作业。布置自主性作业就是把课后作业的布置权下放给学生。首先教师向学生提出一次作业需要达成的学习目标，它是学生自我布置作业的方向。接下来是学生根据教师提出的作业要求自主地设计作业的内容、形式和完成方式。根据不同课文的要求，教师可以寻找一个最佳切入点，既让学生自编作业题，又注重激发他们的创造性，把作业的“老面孔”演化为多种多样富有创意的作业活动。如教授《富饶的西沙群岛》时，教师向学生展示一些四字成语和一种新的写法——总分段式。由此，教师布置了这样的作业：自己设计作业题，检验自己对课文中四字成语和总分段式写作方法的掌握情况，设计好的作业题要自己独立完成。学生根据这两方面要求分别设计了自己的个性化作业。设计作业本身具有一定的挑战性，这就要求设计者对这两部分知识掌握好，不然就没有办法完成作业。因此，也就使学生学习的自主性和积极性在这样的作业活动中得到了充分的体现，又因为有共同要求的约束，最终达到殊途同归的效果。

第三，作业视角和广度要生活化。丰富多彩的生活就是语文的活水，生活有多广阔，语文的世界就有多宽广，如果语文教师仅把语文作业局限在书本的范围里，那么其培养出来的学生视野也不会开阔，思维也是单一的。在教学中，可以利用生活中的很多资源与信息去引导学生观察思考，培养其形成“大语文观”。例如，中国的节日很多，每个节日都蕴含着一定的文化，利用节日资源对学生进行熏陶教育，这也是一种精神上的习得教育。如“元宵节”时，鼓励学生仔细观察南京夫子庙人山人海的热闹景象，买一个自己喜欢的花灯，亲手跟父母学做元宵，感受中国人的“团团圆圆”。“学雷锋日”，组织学生义务劳动，体会助人为乐的意义。“春节”，让学生查一查各地过春节的风俗习惯与春联，感受祖国节日的文化内涵等。

作业能否发挥它的作用，除了恰到好处地结合课文内容设计一些练习以外，还取决于学生能否认真地完成教师布置的作业。学生课堂上完成的作业很显然比家里完成的作业效果要好，原因是学生在家，很多时候是应付地去完成，而在课堂上往往能比较认真地去完成。如果时间允许，教师可多将一些课外的作业放到课内来完成，以此来提高作业的效果。

第四节　小学语文教学的方法

一、小学语文教学的讲授法

讲授法是教师通过口头语言向学生系统地传授科学文化知识的方法，讲授法是学校教学中常用的方法之一。学生主要是间接学习前人的经验知识，讲授法可以使学生在很短的时间内获得大量的、系统连贯的知识，有利于教师对学生进行思想品德教育，同时还可以发挥教师的主导作用。讲授法是小学语文教师常用的教学方法，但并不是使用最多的教学方法，一方面，小学生在字词句的掌握、文章内涵理解上需要教师的讲授；另一方面由于小学生的身心发展特点，他们不能够在较长的时间内保持注意力集中，所以又需要教师采用灵活多样的教学方法吸引学生的注意力。教师可以根据学生自身的特点，合理安排讲授时间，使讲授内容能被学生更好地掌握。

二、小学语文教学的讨论法

讨论法是在教师指导下，由全班或小组围绕某个问题，通过相互交流各自的看法，相互启发相互学习的一种教学方法。“讨论教学有助于丰富课堂教学形式以及内容，因此，教师要将讨论教学的优势在语文教学中进行扩大，并且根据新课程改革的具体要求以及标准来提高后续教学的针对性，有序地组织好课堂教学活动，激发学生的讨论兴趣。教师要在教学中需要把握好讨论的艺术，这不仅可以及时发现学生在日常学习时的一些难点问题，还有助于通过讨论提升学生的思维发展能力，实现课堂教学模式的成功转型”①。讨论法使学生有机会直接参与学习，在活动中每一个学生都可以表达自己的看法，其他同学可以从发言中获得启示，加深对事物的理解，帮助学生灵活运用所学知识，提高学生分析问题和解决问题的能力。讨论法要求学生具有一定的知识基础，因此讨论法在高年级使用得比较多。讨论法使用的条件是：第一，在许多课题中有一些问题并不只有一个答案；第二，虽有标准答案，但答案不是唯一的；第三，当情感性目标或社会性目标显得特别重要时。

①他福云．浅析利用讨论法丰富小学语文课堂教学的策略［J］．天天爱科学（教学研究），2022，No. 235（11）：167.

三、小学语文教学的问答法

问答法是教师根据学生已有的知识或经验，提问学生，并引导学生经过思考，对所提问题得出结论，从而获得知识、发展智力的教学方法。问答法是教师和学生之间双向的信息交流，教师经常使用该方法。在课堂上提问，要求学生回答，不一定是合理地使用了问答法。如教师问“哪位同学把昨天课文的中心思想复述一下？”当教师所提问题有固定的答案时，这只是考查了学生的记忆力。只有当教师提出的问题没有现成的答案，需要学生通过思考进行归纳总结，才可以称为合理地使用了问答法。

四、小学语文教学的演示法

演示法是教师展示各种模型、实物、图片或进行示范，使学生获得关于事物的感性认识的方法。实际教学中，物理、化学和生物课上使用频繁。但在小学语文课上，由于学生的感性经验少，想象力贫乏，因此教师为了促进学生对课文的掌握，经常采用此教学方法。

五、小学语文教学的参观法

参观法是教师根据教学目的的要求，组织学生对社会生产生活中的实际事物进行观察、研究，从而获得新知识或巩固验证已学知识的一种教学方法。这种教学方法能够增强学生的感性认识，更好地掌握教学内容。但是这种教学方法往往受制于教学时间，在实际教学中运用较少。

六、小学语文教学的练习法

练习法是学生在教师指导下，将知识运用于实际，以巩固知识，培养技能、技巧的一种教学方法。小学语文教学中教师要指导学生正确地理解和运用语文，丰富语言的积累，使他们具有初步的听说读写能力，养成良好的语文学习习惯。语文素养的养成是一个缓慢的渐进的过程，需要学生做大量的字、词、句、文的练习，所以教师经常运用此方法。

七、小学语文教学的实验法

实验法是在教师指导下，利用一定仪器设备，在一定条件下引起某些事物或现象的发生和变化，使学生在观察、研究、独立操作中获取知识，形成技能技巧的方法。此方法是能够让学生参与事物的发生，增强感性认识，培养学生的操作能力。但与参观法相同的是也会受到课时的限制，使用该方法的教师常常提前布置此活动，让学生在家里或学校中能够完成该活动。

八、小学语文教学的发现法

学生学习概念和原理时，教师只是给他们一些事例和问题，让学生自己通过阅读、观察、实验、思考、讨论、听讲等途径独立探究，自行发现并掌握相应的原理和结论的一种方法。此种方法的优点是提高智力潜能，加强内部奖赏，以便将来自行发现的最佳方法和策略，记忆稳定而持久。

九、小学语文教学的探究法

探究法是指学生学习操作和处理信息的策略，检验假设以及把结论应用到新的内容和情境中去。这种教学方法，目标是使学生发展出操纵和处理信息的策略。学生能够识别问题，产生假设，用数据检验假设，把他们的结论应用到新的内容或情境中去。该方法不同于发现法之处在于，在发现学习中教师给学生提供资料，向学生提出疑问，期望学生发现某个原理和抽象思想。可见，探究法较之发现法要困难，对学生知识技能的要求更高。

第五节 小学语文教学的评价

一、小学语文教学评价的方式

在小学语文课堂教学过程中，教师都避免不了要对学生进行评价，学生在学习过程中也都想及时听到老师对其学习表现的评价。因此，如果课堂评价运用得好，对于营造学习氛围、激发学习兴趣、调动积极思维、增强克服困难的决心起着不可低估的作用。在小学语文课堂教学中，评价的方式是多种多样的，其中主要有：教师的评价、学生自我评价和学生间相互评价。

（一）教师评价

教师的语言评价应充满爱心、充满灵性、充满智慧、充满尊重、充满信任、充满幽默与风趣。

第一，多一点诙谐与幽默。新的语文课程标准强调语文学科的人文性，老师风趣幽默的语言必将使学生受到潜移默化的影响，从而有助于学生良好人文素质的养成。孩子们都喜欢幽默的老师，这样的老师能给学生以亲切、平易近人的感觉，如果老师把幽默恰如其分地用到课堂中去，会拉近与学生的距离，形成良好的课堂气氛。

第二，多一点宽容与理解。与传统教育相比，现代教育使教师们越来越深刻认识到学生资源的发现和利用是教育生命的希望所在。如果能用宽容的眼光去理解孩子，去保护孩子稚嫩纯真的心，教师的评价语言才会宽容、亲切、真诚，才会让学生感受到老师对自己的尊重与赏识，从而增强学生继续超越自我的信心。

（二）学生自我评价

自我评价是自我意识的组成部分，是个人能力结构中的一种非常重要的能力。自我评价能够消除被评者本身的对立情绪和疑虑，调动他们参与评价的积极性。学会自评有利于学生对自己形成一个正确的认识，这也是最难以培养的一种能力。在教学中，在学生朗读、讲故事、做小老师和合作学习等过程中，教师要引导他们对自己的表现作出判断，逐步由概括性评价向具体、客观的评价发展，提高学生的自我监控能力。平时鼓励学生多作自我反思，进行自我比较，找出自己的进步和不足。这样，学生可以在反省中不断完善自我，个性得到健康发展。

（三）学生间相互评价

在实际教学中，要经常鼓励学生进行互相评价。学生的评价语言要适当、合理、明确、有针对性，而不要过于系统。在这一点上，需要教师耐心的指导，逐步培养学生的是非判断能力和评价水平，而不能急于求成，要求学生一步到位。学生是学习的主体，学生间的相互评价不仅能提高学生思考问题、分析问题、理解问题和判断问题的能力，还能培养学生的自信、勇敢的品质，增强学生学习的动力。

课堂上如果合理使用不同的评价方式，不仅能提高学生学习的积极性，更能在发展学生语言能力的同时，发展学生的思维能力，激发学生的创造潜力。在课堂教学中，不管采用哪种评价方式，都要注重每个学生的感受，以激励为主，敏锐地捕捉其中的闪光点，并及时给予肯定和表扬，每一次评价都要让学生感受到教师和同伴的心诚意切、实事求是，激励学生积极思维，营造一种热烈而又轻松和谐的学习氛围，把学生引导到评价中去，调动所有的学生关注评价、参与评价，使学生在评价中交流，在交流中学习，才能在评价中得到进步，共同提高，全面发展。

二、小学语文教学评价的方法

小学语文教学评价方法要实现多样化的改革目标。教学评价方法设计的指导思想是：测试型评价和质性评价兼顾，同时大力开展质性评价。常见的教学评价方法有以下五种。

第一，测试。在提供质性评价的同时，我们必须认识到，测试仍然是日常教学的一种常见的评价方法。设计教学评价方法的时候，教师应当注意改革测试内容、改革测试题型，有效发挥测试的诊断、调整、激励和甄别功能，审时度势，准确把握测试时机，同时还要提高测试设计与实施的专业化水平。

第二，测量。虽然教师重视测试的评价作用，但是，他们往往没有重视测量的特殊作用。在语言教学中，态度测量、情结测量、一般智商的测量，都会对改进教学有明显的影响。同时，此种测量方法还能够使学生更加了解自己。

第三，观察。课堂教学可以采取五种方法观察：结构严密的系统观察法、生态学观察法、人种学观察法、同步等级界定观察法、非正式观察法。

第四，调查。观察是在活动过程中同步采集信息，调查则是在活动之后采集信息。行之有效的调查方法有问卷和访谈两种。问卷和访谈都需要掌握一定的专业技术，但教师实施此类调查应当说是很有必要的。

第五，成长记录袋。成长记录袋也可以称为档案袋。成长记录袋具有“收集、选择和反思”功能，即从收集的所有作业中，学生自己选择存入档案袋的材料，可以是他们认为特别有价值的东西，然后学生对自己的成品和相关表现进行反思。

第六，逸事记录。逸事记录就是对某一时间、地点和环境下发生的行为进行持续的客观的描述。此种方法可以用于学生执行解决问题的任务或项目时的质性评价。这项评价活动当然可以由教师来做，但是，我们认为更重要的是让学生来进行逸事记录。长期做这件事可以有效地促进学生的反思能力。

三、小学语文教学评价的工具

第一，核查表。教师将他（她）期待的具体行为以列表方式提供给学生，学生个人、两人小组和多人小组可依据自己的表现在检查表中进行勾画，进行自我评价。

第二，教学评定量表。用数字表示学生课堂行为（已发生的）的等级。如可以用5、4、3、2、1来确定期待行为的活跃程度：5表示特别活跃，4表示比较活跃，3表示中等活跃，2表示不够活跃，1表示很不活跃。

第三，图示评定量表。用一条水平线或垂直线组成量表，表示在一个连续体上对学生行为的客观等级描述。

第四，实物。实物就是真实的物品。教师可以根据所教的内容选择不同的实物，如文具、玩具、动物（玩具动物）、交通工具（玩具交通工具）等。这些都是真实的物品，给学生作为评价工具。

第五，图片。使用图片也要根据所教的内容选择，如动物图片、人体部位图片、颜色图片、交通工具图片、饮料、食品和水果等图片。

第六，贴片。贴片是较低学段教学过程中使用最多的一种评价工具，如动物贴片、人体部位贴片、颜色贴片、饮料贴片、食品贴片、水果贴片、玩具贴片、文具贴片、交通工具贴片等。这些评价工具均需根据教学内容来选择使用。

第七，标志。在课堂教学中，教师经常将一些标志，如笑脸、平脸、哭脸、五星、花朵、彩旗、奖章、胸章等作为评价工具。

第八，数字。数字作为评价工具，更多的是结合数字教学来使用。

第九，简笔画。除以上几种评价工具外，教师在课堂上经常结合教学内容使用简笔画作为评价工具，如画文具、动物、人体部位、食品、交通工具等。

进行小学语文教学设计评价除了上述内容外，教师还需要对小学语文教学评价语言进行设计，高效地设计教学评价语言，可以达到激励学生，不断提高课堂教学效果的目的。

四、小学语文教学评价的策略

（一）综合运用多种评价工具

具体的教学评价工具使用的场合总是有限的，为避免单一或少数评价工具的不足，在教学评价过程中，必须综合运用各种评价工具。教师在设计选用教学评价工具之后，在教学过程中需要根据学生的年龄特点，使用激励性的语言、图片、贴（卡）片、数字、简笔画，甚至小红花、小红旗、表扬信、家长通知单（短信）等任何可用的评价工具，客观、灵活、形象地评价学生的点滴进步与发展。

（二）科学构建全程评价机制

第一，前评价机制。前评价机制一般指对教学设计与方案的评价，主要从设计与方案是否符合学生学习的原则和要求，是否以培养学生全面发展为目标，是否与教材以及学生的实际情况相适应等方面进行评价。

第二，中评价机制。中评价机制一般是对教与学过程的评价。主要评价教学设计的质量和教学模式的质量。对教学设计质量评价的要点是设计是否贴近课程教育教学的实际要求，是否有利于学生习得知识。对教学模式评价的要点是模式是否突出科学性、开放性和发展性。

第三，后评价机制。后评价机制其实是一种外部反馈机制，注重从家长与社会获得评价，要点是培养的学生是否具备相应的能力和素质，教师的“教”与学生的“学”是否都实现了相应的目标，以及获取家长与社会对教师教育教学质量的总体评价。

五、小学语文教学评价的实施

要做好教学设计中教学评价的设计与实施，我们应做好课前准备性评价，课中形成性评价及课终总结性评价的实施。

（一）课前准备性评价的实施

准备性评价是在一门课程、一个单元的教学工作开始前进行的预测性、诊断性的评价工作。目的在于使教师了解学生对教学课程的目的期望、兴趣态度和意见建议；掌握教学对象所具备的与本课程教学相关的知识储备和学习能力，摸清不同教学对象的个体性差异和需求，进而为教学方法手段、目标要求、实施计划提供具体翔实的依据。

设计和实施好准备性评价的工作，对完成好整个课程、单元的教学设计与实施至关重要。准备性评价可采取查阅学生的学习档案、与学生进行座谈问卷调查或课前小测验等多种方式进行。

准备性评价不是筛选性、达标性评价，所以准备性评价的设计与实施要以能最有效地了解和掌握教学对象的基本情况为原则。准备性评价后，教师要做到对每个学生在本门课程学习中的“初始状态量”心中有数。准备性评价的结果只能作为教师因材施教、有的放矢地做好“差异性教学”的设计与实施和今后的过程性、结果性评价的依据，但要防止以此给学生贴标签、分好恶，或作为给自己开脱责任的理由。

（二）课中形成性评价的实施

形成性评价（也称为过程性评价）是在课程教学实施的过程中进行的随机性、检验性评价。目的是及时地、动态地了解和掌握学生对一堂课、一个单元中所学知识的掌握程度和相关技能的形成情况，进一步发现和掌握每个学生的能力潜质以及教学中存在的问题，为促进和引导学生改进学习目标和学习方法，并为教师改进教学方法、调整教学进度、进行个别辅导等提供反馈信息和决策依据。

过程决定结果。设计、组织和实施好形成性评价，是提高整个课程教学质量的重要保证。形成性评价贯穿于课程教学的全过程，形式方法多样。可以通过随堂提问的回答、单元测验的成绩、课外作业的完成情况等信息来进行整体和个体的学习效果的评价。课外作业不仅是促进学生加深对课堂教学内容的理解掌握，提高学生运用课堂所学知识分析、解决问题能力的重要方法，同时也可作为检验和评价学生课堂学习效果的重要手段。为了更好地通过作业情况来检验和评价课堂教学效果，布置课外作业时，可根据学生学习能力和水平存在差异的客观实际，分别选定难、中、易三个等级的题目各二至三题，并只要求学生根据自己的情况选做其中2～3题，但鼓励多做；检查和批改作业时，通过做题的质量、数量和难度可以对学生学习效果和学习态度作出初步的评价；讲评作业时则要根据准备性评价中得出的每个学生的基本情况，以不同的标准进行讲评。对于学习基础较差的学生只要其能完成难度低的习题就可视为完成作业，做了中等难度以上的题则应给予表扬；对于基础好的学生则应提高标准，只有在完成了难度较大的习题时，才给出好的评价，从而使不同水平的学生都有适宜的、可实现的学习目标，激励和保证每个学生在教学过程中都尽可能地取得最大的收效。过程性评价不是给学生的学习评定等级或作出结论，所以在过程性评价时，教师关注和记录的应该是评价中发现的问题和原因，而不是学生的分数和表现。教师应该根据发现的问题及时分析产生的原因，调整自己的教学方法，协助学生分析问题，制定改进学习的方法措施，并做好个别辅导。过程性评价的结果可以作为结果性评价的参考依据。

（三）课终总结性评价的实施

总结性评价在课程实施或教学过程结束时进行，目的是：①对本课程教学过程进行总结分析，肯定成绩和优点，找出问题和不足，吸取经验和教训，为教师在今后课程教学中改进教学设计提供反馈信息；②对本教学过程最终取得的教学效果和教学目标的实现程度作出评价；③以目标为牵引，辅以有效的奖惩机制，全程激励师生的教学热情，促进师生的责任意识和进取意识。总结性评价多采用考试和座谈等方法获取评价信息，通过综合的总结分析得出评价结论。总结性评价由任课教师、教研室组织，也可由专门的考试机构或教学质量评价机构组织。

总结性评价既是对本教学过程的总结和评价，又为设计和实施下一个教学过程提供经验和指导，在教学设计与实施中有着重要的地位和作用，必须科学务实地做好设计并切实有效地去实施。

第一，试题试卷的拟制既要依据课程教学的目标要求确定试题范围、试题类型、难易程度，也要兼顾教学对象实际的学习能力和水平，以确保考试能真实有效地反映课程教学目标的实现程度和学生能力素质的发展程度。

第二，分析评价既要依据教学目标做好教学目标实现程度的绝对性评价，又要根据不同学生、不同单位之间的不同特点做好相对性评价。既要看学生知识、能力素质的“当前量”，更要看其教学实施前的“初始量”与“当前量”之间的“增量”；既要看学生在本课程知识能力方面的收获，也要看通过本课程教学后，学生在德、智、体、技等综合素质方面的提高和收获。

第三，在评价结果的处理上既要依据评价结果和相关规定进行严格的奖惩，发挥好总结性评价的激励作用，更要根据评价中发现的问题、不足和优点收获，做好经验教训的总结，并制定改进的措施，发挥好教育评价的调节作用。

第二章　小学语文教学的具体内容

第一节　小学语文的识字与写字教学

识字与写字教学是第一学段语文教学的重点、难点，也是贯穿整个义务教育阶段的重要的教学内容。新课程改革也重视学生识字写字能力的培养，注重识字方法，力求识用结合。识字与写字教学，应把握识字与写字的不同要求，遵循学生身心特点，采用多种教学方法，提高识字写字教学的效率，增强识字写字教学的效果，培养学生识字与写字的兴趣，调动学生识字与写字的积极性，产生对祖国语言文字的热爱之情。

一、小学语文识字与写字教学的意义

“识字与写字教学是小学语文教学的首要任务之一，是小学语文特别是中低段语文教学的重点与难点”①。识字与写字教学不仅是整个语文教学的基础，也是其他学科教学的基础。从学生发展的角度来看，识字是学习文化的开始。识字不仅是学习语文、培养语文素养的前提和保障，也是学习和掌握其他学科知识的必要手段。识字与写字使儿童从口头语言的学习过渡到书面语言的学习，使儿童实现自主阅读、自主写作。因此，识字与写字量的多少直接影响到儿童的阅读、写作水平，识字与写字的过程也是儿童思维发展、知识积累、能力提升的过程。

从发展的角度来看，国民识字率的高低与国家经济、文化等方面的发展密切相关。从文化传承的角度来看，汉字是中华文化的载体，是中华文明的瑰宝。古老的汉字是汉民族智慧的结晶，是汉文化的主要载体，蕴含着民族物质文化、民族社会制度文化、民族思想文化等文化因素，很多汉字堪称民族、社会、制度、文化的活化石。因此，识字与写字的过程是吸收民族文化智慧，传承民族文化的过程。汉字书写分为实用书写和书写艺术。中国书法是一门古老的汉字书写艺术，是中华民族的文化瑰宝，是人类文明的宝贵财富，是基础教育的重要内容。

①廖娅晖．小学语文教学设计［M］．北京：中国铁道出版社，2018：99.

二、小学语文识字与写字教学的要求

（一）识字教学的要求

第一，教学生借助汉语拼音认识汉字，认写分开，多认少写。重点注意语文课程标准中基本字的教学，以此为基础逐步发展学生的识字写字能力。

第二，运用多种识字教学方法和形象直观的教学手段，创设丰富多彩的教学情境，提高识字教学效率，提高学生对字形记忆的准确性。识字方法要体现综合性。识字课堂教学中，教师要紧扣汉字的特点，依据汉字学知识，分别选择合适的教学方法和教学内容，这对学生识记字形和理解字义有切实的帮助。同时巧妙地对学生进行汉字文化的熏陶，让他们感受到汉字文化的博大精深。

第三，让学生了解一些汉字的知识，引导学生根据汉字的结构特点分析、辨识、掌握字形，通过形近字的比较，提高学生精细辨认和识记字形的能力。正确、科学地解读汉字，利用汉字的构字规律认识汉字，明确形声字的音形关系、会意字的形义关系，掌握同音字与多音字的音义区别，运用直观教具、遣词造句、联系生活实际、联系上下文等方法让学生理解字义。

第四，努力避免高段识字教学低段化。高段学生经过低中学段的学习，已经掌握了多种识字方法，拥有一定的识字能力，并且高段学生能够通过预习分析生词字形，用查字典等方式或联系上下文的方法理解字义，所以，课堂上的工作就变成了重难点生字学习的合作探究与交流。

第五，杜绝生字教学零起点。识字教学中教师要找准学生的起点，充分利用学生已有的知识和经验（学生已经认识的汉字和已经掌握的汉语拼音），将有限的教学时间和精力用在重点上，专教那些学生不会或相对薄弱的内容，这样方可从根本上杜绝“零起点”教学。

第六，要防止曲解汉字。防止曲解汉字其实就是要求教师在课堂识字教学中慎用字理识字教学法。任何一种教学方法都不是万能的。在字理识字教学中，凡是能说清楚字理，而且字理易于被小学生接受的，就要利用字理。可用就用，能用则用，刻意追求并非明智之举。过于牵强地运用字理识字教学法，教师耗费时力，学生莫名其妙，更麻烦的是可能留下难以根治的后遗症。

（二）写字教学的要求

第一，教给学生执笔和运笔的方法，帮助学生掌握正确的写字姿势，养成良好的写字习惯。

第二，掌握汉字的基本笔画、笔顺规则、间架结构和常用的偏旁部首。

第三，教学生学会用田字格，以田字格中的横线和竖线为标准，观察汉字各笔画、各部分在田字格中的位置，按笔顺规则正确书写，注意间架结构，感受汉字的形体美。用毛笔临摹、书写楷书。

第四，在每天的语文课中安排 10 分钟练字，教师随堂指导，予以示范、纠正，讲究练字效果。注重书写质量，增强学生日常书写中的练字意识，将作文书写及其他学科的作业书写过程当作练字的过程。

小学语文写字教学还需要做到：一是要保证学生有充足的写字时间。每节语文课都要拿出几分钟，让学生踏踏实实地写字。二是要保证写字的数量。完成一定的写字数量是写好字的保障。小学二年级开始每课要求写的字达到了 8 个甚至 12 个。教师指导学生写字，应该将几个字放到一起指导，让学生同时练习写，提高课堂识字与写字的效率。三是要抓住写的契机。一般情况下课堂教学写字环节都安排在认完字和读完课文之后，这样有一定好处，教学板块清晰，不会出现低学段学生因为拿笔削笔和放笔等动作而导致课堂混乱的情况，另外如果写字环节的时间不够，教师可以灵活地将该环节挪移到下节课或者课外去。不过也可以尝试根据生字出现的不同情况，指导学生分散写字，这样学生在整节课都对写字有新鲜感。认读写活动交替进行，可以避免某项活动时间过长导致学生失去兴趣，同时也可以巧妙地分散写字教学的难点。

此外，还需要注意对识字与写字教学的评价要求，主要包括：第一，评价应以鼓励为主，要有利于激发学生识字、写字的兴趣。第二，汉语拼音学习的评价，着重考查学生拼读、认读音节的能力，发音的准确度，普通话的流利与标准程度。第三，识字的评价，着重考查学生独立识字、借助工具书查检字词的能力，及认清字形、读准字音、辨别字义、准确运用的能力。第四，写字的评价，着重考查学生对生字的掌握情况，关注学生写字的姿势与习惯，重视书写的质量，要求写好基本笔画、遵守笔顺规则、安排好间架结构，力求正确、端正、整洁、美观。关注学生用毛笔临摹、书写楷书的情况，体会汉字的优美。

三、小学语文识字与写字教学的方法

（一）拼音教学法

1. 示范—模仿法

示范是教师教学工作的重要部分，模仿是儿童的天性，特别是在小学低段，教师更应发挥示范与学生模仿的作用。在拼音发音教学时，教师必须进行字母的发音示范，讲解发音的要领，让学生仔细观察口形、舌位，体会发音的方法，模仿发音；在拼音书写教学时，教师应当进行书写示范，边书写边讲解，让学生仔细观察，弄清楚字母在四线格中的位置以及正确的笔画和笔顺。

2. 比较—辨识法

汉语拼音中形状相似、发音相似的声母或韵母较多，学生容易混淆，因此，教师可将易混淆的拼音进行比较区分，以帮助学生辨识。运用比较—辨识法进行教学，便于揭示字母间的联系与区别，加深学生印象，让他们能准确地辨认与书写。例如，把 b、d、p、q 放在一起，观察半圆与竖的位置关系；把 f、t 放在一起，观察弯钩的位置；把 ei 与 ie、ui 与 iu 放在一起，观察字母组合的顺序；把 n 与 l 进行比较，体会边音和鼻音的发音区别；把 z、c、s 和 zh、ch、sh 进行比较，体会平舌音和翘舌音的发音区别；把 in 与 ing、en 与 eng 进行比较，体会前鼻音与后鼻音的发音区别；将 eng 与 ong 比较，观察嘴形，体会发音要领等。

3. 口诀—吟诵法

将汉语拼音编成口诀或者儿歌，让学生吟诵，不仅能够帮助学生读准字母的音，记住字母的形，突破拼音教学的难点，还能够活跃课堂气氛，缓解学生的疲劳，调节学生的情绪，调动学生学习汉语拼音的兴趣。

4. 游戏—比赛法

儿童喜欢玩耍，喜欢做游戏，且好胜心强。如果把单调的拼音教学融入有趣的游戏、比赛之中，既能满足低年级儿童的心理需求，激发他们学习汉语拼音的兴趣，又能创设一种轻松愉快、生动活泼的课堂学习氛围，使课堂“动”起来、“活”起来，提高教学效果。游戏—比赛法多在复习巩固环节使用。例如学习了声母、韵母、整体认读音节后可以采用摘苹果、夺红旗、拼音接龙等比赛；学习了音节拼读后可以采用对对碰、找朋友的游戏。

（二）识字教学法

汉字是表意体系文字，是音、形、义三者的统一体。在识字教学时，必须从字音、字形、字义三个方面进行。

1. 字音教学

字音教学是识字教学的第一步，字音的学习必须借助于汉语拼音。在字音教学时，教师应当指导学生利用汉语拼音认读汉字，对于易读错的生字应当着重指导，反复正音。同时，也应当鼓励学生自主认读汉字，利用新华字典、现代汉语字典等工具书获取生字的拼音，认读生字。

汉字中同音字、多音字、形声字较多，教师应当把握汉字的特点，采用恰当的方式进行教学。对于同音字，字音相同，字形、字义不同，教学的难点在于让学生分清楚字形与字义，掌握不同用法，加强比较、辨析，以避免错别字的产生。多音字字形相同，字音、字义不同，教学的难点便在于让学生分清楚多音字的字义与用法，并将其放入不同的语言环境予以辨析，以读准字音。对于形声字，可以借助声旁进行字音教学，形声字的声旁表音，形旁表义，声旁相同的字，读音相同或相近。但是，在汉字的演变过程中，有些形声字的声旁已经失去了字音辨认的功能，现在不能根据声旁来确定其读音了，如江、河、悖、钗、答、玷、抨等。对于这类形声字，教师应当特别提醒学生不能只看声旁读字音，以免读错字音，闹出笑话。

2. **字形教学**

字形教学是识字教学的关键，也是学生识字的难点。汉字中有的笔画相同，长短位置不同。例如，田、由、甲、申，太、犬，天、夫，土、士，未、末。有的字形相似，笔画不同。例如，旦、旧，申、电，外、处。有的多一笔，有的少一笔。例如，大、天，今、令，斤、斥，免、兔，哀、衰、衷。有的结构相同，部件位置不同。例如，杏、呆，吞、吴，陪、部。有的字声旁相同，形旁不同。例如，渴、喝、歇、竭，领、岭、铃、玲。因此，为了使学生更好地认清字形，加强记忆，提高识字认字能力，教师应针对汉字字形的不同特点，采用不同的字形教学方法。字形教学主要有以下方法。

（1）笔画部件分析法。笔画部件分析法是字形教学的最基本的、最重要的方法。笔画是构成汉字的点和线，是汉字最小的构成单位。部件是由笔画组成的具有组配汉字功能的构字单位。汉字往往可以分成两个或两个以上的单位。在教学独体字时，可以采用笔画分析法，分析一个字或某部分由哪些笔画组成，各笔画的名称及笔画的书写顺序。在教学合体字时，可以采用部件分析法，分析一个字由哪些部件组成，各部件的名称及位置。例如，“加”左边是“力”，右边是“口”；“树”左边是“木”，右边是“对”；“盆”上面是“分”，下面是“皿”；“意”上面是“音”，下面是“心”；“赢”由“亡、口、月、贝、凡”组成。

（2）构字规律分析法。象形、指事、会意、形声是四种基本的构字方法。教师要引导学生根据汉字构字规律来分析字形，科学地解读汉字，挖掘汉字的深层文化，提升学生的识字能力与识字兴趣。

象形字多出现在小学一年级上册，例如，口、耳、目、日、月、火、羊、鸟、兔、木、禾、竹、石、刀、鱼、网等。教授象形字时，教师引导学生观察实物或图画，让学生看一看，猜一猜，找出象形字与图形的相同点，将字形与图形联系起来，以便记住字形。

指事字也多出现在小学低年级识字阶段。在教学指事字时，教师可让学生明确指事字所指之意。如在教授“本”字时，可让学生明白，在“木”的下部加一画作为指示符号，指示树根的部位，因此“本”的本义是树根。在教学“末”字时，可让学生明白，在“木”的上部加一画作为指示符号，指示树梢的部位，因此“末”的本义是树梢。

会意字是比较有趣的汉字，一般由两个或两个以上的独体字组合而成，其意思就是各部件意思的组合。如，以“手”遮“目”谓之“看”，“人”倚“木”而立谓之“休”“日”“月”同辉谓之“明”，上“小”下“大”谓之“尖”，“衣”“谷”不缺谓之“裕”，“色”彩“丰”富谓之“艳”，两“手”分物谓之“掰”。

形声字占现代汉字的绝大部分，因此，形声字的教学是识字教学的重点。形声字一般由“形旁”与“声旁”两部分构成，形旁表示汉字的意义，声旁表示汉字的读音。同一个形旁与不同的声旁组合，可以构成许多意义相关的字。如用“灬”做形旁，可以组成“烈、热、熊、煮、蒸、烹、熟”等与火有关的形声字。此类汉字，可以通过声旁读准他们的字音，以区别他们的字形。同一个声旁与不同的形旁组合，可以构成许多声音相同或相近而意义不同的字。如用“宣”做声旁，可以组成“喧、渲、暄、萱”等读 xuān 的形声字。此类形声字，可以利用汉字的形旁区别他们的意义，以区别汉字的字形，避免写成别字。形声字的形旁和声旁结合的方式多种多样。在进行形声字的教学时，教师应当引导学生找出形声字的形旁与声旁，分析形旁所表示的意义，声旁所表示的读音。还应引导学生利用形旁和声旁区别形声字中的形近字、同音字。

（3）歌诀字谜识字法。在汉字教学时，教师不可能对每个汉字都进行字理分析，可以编一些儿歌、口诀、顺口溜、字谜等，让学生在读读、背背、想想、猜猜中识记字形，既有趣味，又能加深印象，巩固记忆。还可以让学生自己进行创编，既能鼓励他们自主识字和创造性识字，又能锻炼他们的思维能力、语言组织能力、想象力、创造力。

（4）字形比较识字法。汉字中形近字的字形非常相似，难以辨认和识记，容易混淆。例如，今与令，兔与免，鸟与乌，仓与仑，买与卖，卯与卵，壁与璧，己、已与巳，戊、戌与戍。因此，形近字教学是字形教学中的一个难点，教师应注重形近字的归纳、比较与辨析，再辅以字形教学的其他方法进行教学，突破难点。

（5）游戏比赛识字法。低年级学生爱玩、好动、喜胜，有意注意的持续时间比较短。因此，创设生动、有趣的识字学习环境，寓教于乐，让学生在轻松愉快的游戏中学习，在“玩”中识字，既尊重了儿童的天性与身心发展特点，又能让他们在游戏比赛中获得积极的情感体验，激发其主动识字的兴趣。

（6）结合生活识字法。生活就是一个大课堂，处处是生字，让生活中的汉字走进课堂，让识字教学走进生活实践，这不仅可以强化识字教学的效果，而且可以让识字更贴近学生生活，激发学生学习生字的欲望。教师要充分利用生活这块识字沃土进行教学，引导学生做一个生活上的有心人，让学生通过看书、读报、看电视识字，从各种商品中识字，从各种路牌、门牌、广告牌中识字。教师还可以让学生带来各种生活中见到的字，在班上交流学习，分享识字的成功与快乐，提升识字的兴趣，提高自我识字的能力。教师应尽可能获得家长的帮助与支持，邀请家长也参与到学生的识字教学中来。

3. 字义教学

字义教学的方法很多，教师应当根据字词的不同情况，采取不同的方法。

（1）字理分析法。汉字是表意文字，教授字义时，我们可以利用象形字的直观性、指事字的指示性、会意字的形义联系、形声字形旁的表意性等字形特点来帮助学生理解字义。只要教师讲清了汉字的构字方法，说清了汉字的字理，学生便不难明白汉字的字义。

（2）直观演示法。小学低年级学生的思维以形象思维为主，因此，在小学低段的识字教学中，教师可以通过观察实物、图画、表情、动作、实验、表演等方法，将抽象的文字符号表示的意义直观、形象、生动地展现出来，帮助学生理解与记忆。

（3）比较分析法。汉语中存在着大量的近义词和反义词，在教学时，教师可以引导学生用熟悉字词来理解意思相同、相近或相反的生字词。例如，“美丽”可换成“好看”，“美”就是“丽”，“美”和“丽”都是“好看”的意思；“寻觅”可换成“寻找”，“寻”就是“觅”“寻”和“觅”都是“找”的意思；“担忧”可换成“发愁”，“忧”就是“愁”的意思。又例如，“退”的反义词是“进”，“贫”的反义词“富”，“朝”的反义词是“夕”，“拾”的反义词是“扔”。

（4）组词造句法。汉字中大多数的字都可以表达多个意思，同一个字在不同的词语组合和语言环境中，含义不同。一字多义的学习是小学中低年级识字的一个难点。在教学中，教师可以引导学生给生字组词、造句，在具体的语言环境中，理解字义，掌握字的用法。例如，“深”，可以组成“深山、深渊”，表示距离大，与“浅”相对；可以组成“深夜、深秋”，表示久，时间长；可以组成“深色、深红”，表示颜色浓；可以组成“深情、深交”，表示感情好，关系密切。也可以根据不同意思，依次造句“这条河的水非常深；夜已经很深了，他还在不停地工作；她穿的衣服，颜色太深了；他俩的关系很深。”

（5）联系实际法。汉语中有些字词的意义比较抽象，不方便直观地演示、表达出来，但是这些字词在生活中常常出现，学生也曾经见过、经历过。在教授这些字词时，就可以通过联系学生的生活实际，用具体的例子来唤起他们的亲身感受，帮助他们理解字词的意思。

（6）结合语境法。结合语境、联系上下文理解字词的方法是一种最基本的、常见的、重要的字义教学方法，有助于帮助学生理解那些抽象的字词，避免学生死记硬背字词的含义。例如，在教授“丑小鸭”中的“欺负”时，为了让学生理解该字词的意思，可以结合下文“哥哥、姐姐咬他，公鸡啄他”“小鸟讥笑他，猎狗追赶他”来理解。

（三）写字教学法

写字教学方法多样，形式灵活，教学有法，但无定法。在实际教学中，教师可根据情况选择一种或多种不同方法，综合运用，灵活处理。

1. 示范法

在讲解写字要领的同时，教师还要加强示范。特别是在学生初学写字阶段，教师一定要对每个生字进行示范指导。教师示范时应注意动作缓慢，可边示范边讲解，帮助学生看准字的形态，看清书写的过程，进而理解运笔造型的道理。引导他们眼看、耳听、心想，加深体验。

2. 观察法

汉字的书写有一定的规律。教师应当要求学生“眼看”与“手写”相结合，在具体的教学实践中，教师在引导学生观察时，应当让学生学会观察田字格中的范字、学会对比观察、学会观察教师的范写、学会观察同学的书写。

（1）学会观察田字格中的范字。田字格中的字是学生学习和模仿的范本，教师要引导学生认真观察这些字的笔画、结构，以及各部分在田字格中的位置，并努力记住它，尽力模仿。例如，在写“吃、唱、喝、和、如、扣”等字时，就要让学生观察、比较“口”字的不同摆放位置，进而发现以下规律：“口”字在左边，要写得偏左偏高一点；“口”字在右边，要写得偏右偏低一点。

（2）学会对比观察，能自己区分形近字的细微差别。汉字中形近字较多，学生也最容易混淆，容易写错。为减少这种错误，教师应当从小培养学生的观察力，并教授给学生辨别形近字的方法。例如，在写兔、免；己、已、巳；戊、戍、戌；戎、戒；卯、卵等字时，可将形近字罗列出来，让学生对比观察，找出其中的细微差别，教师也可自编口诀，便于学生更轻松地记忆。

（3）仔细观察教师的范写。在进行写字教学时，教师应当一边讲解一边示范。教师的范写是最直接的指导，要引导学生看清每一笔的运笔方法，并让学生试着这样写。在小学低年级阶段，教师的范写尤为重要，这既是指导书写的过程，也是巩固识字成果的过程。

（4）仔细观察同学的书写，学会评价。在评价的过程中，学生会仔细观察，将汉字的正确写法与同学的书写进行对比、辨别，发现同学书写的优缺点，从而作出恰当的评价。

只有观察仔细了，观察到位了，评价才能恰如其分。在整个写字教学的过程中，教师都应当引导学生进行自我评价或相互评价。评价的过程，也是自我提高的过程。

3. 描红法

描红是在印好的红色范字上进行描摹的练字方法。在描红前，教师要先讲解范字的书写要领，最好一边范写一边讲解，引导学生观察范字在田字格中的位置、大小、笔画、间架结构。也可让学生用手指作“书空”练习，熟悉范字的笔画、笔顺，掌握运笔的轻重、快慢、起止，做到心中有数。对于初学写字的学生而言，描红可以帮助他们掌握汉字的书写要领，了解汉字的部首比例，笔画的长短粗细、穿插避让，字形的大小、位置等。但是，描红法不宜长用，一般在小学低段使用，应逐渐过渡为临写。

4. 临写法

临写是指在老师讲解示范的基础上，学生对照字帖自行临摹练写。临写是写字教学的主要部分，也是学生写好字的关键。在临写之前，教师应先对范字进行讲解、示范，并引导学生看清楚范字的结构和笔画，观察范字在田字格中的位置——字的上下左右与四面格线的距离，观察范字的形状和大小——方与扁、斜与正、长与宽、大与小。重点引导学生观察范字的每一个笔画、每一个笔画在田字格中的位置以及笔画之间的相互关系。汉字每一个笔画的长短、弯度、弧度、角度都很有讲究。在书写时，教师应要求学生不能看一笔写一笔，要一气呵成。写好之后，让学生将自己写的字与范字进行认真细致地比较，找出差距。然后根据存在的缺点，认真修改，反复书写，直到满意为止。

5. 熏陶法

熏陶法是在写字教学过程中，教师运用最多的教学手段，对学生进行熏陶感染，逐步培养学生审美趣味，引起审美心理的逐步变化，调动学生对写字、书法的兴趣。教师可给学生讲古今中外书法家的故事，如“程邈创隶书”“萧何深思题匾”“张芝临池学书”“王羲之书竹扇”“王羲之教子习书法”“王羲之吃墨”“柳公权发奋练字”等。教师也可将书法家的优秀书法作品制作成 PPT，再配以古典音乐，学生一边聆听着《高山流水》《春江花月夜》等古典名曲，一边欣赏着名家书法。也可以在教室内张贴文学艺术书法作品等，将教室布置得具有浓厚的书法氛围。通过营造种种书法氛围，学生潜移默化中受到美的熏陶，写字的兴趣油然而生，争当书法家的良好夙愿有可能在他们幼小的心底也悄然生根。

6. 多媒体辅助法

教师可以运用多媒体解析基本笔画，教师可以运用多媒体呈现汉字的间架结构。不同结构的汉字，其书写的规律不同。教学中，教师可以利用视频指导学生观察、分析字的构成，掌握字的间架结构。写字教学中笔法的讲解是一大重点和难点。教师可运用多媒体展示写字的动作和字迹变化过程，特别是点画的轻重，起笔、行笔与收笔的动作，笔杆、笔尖在书写中的运动变化，指、腕、肘配合的动势节奏，转折、停顿与提按的和谐统一等。多媒体的Flash动画能使汉字笔法的学习更直观、生动，更能引起学生的注意，增加学生的学习兴趣。但是，多媒体只是辅助教师的教学，教师不可完全依赖多媒体，而忽视了板书和范写。小学生具有较强的向师性和模仿性，教师的示范异常重要。因此，在写字教学中，教师应当适时板书，引领学生一起书写，为学生树立良好的榜样。

四、小学语文识字与写字教学的策略

（一）把握“会认”与“会写”要求

为了减轻学生学习负担，鼓励学生多认字、早阅读，语文课程标准对识字、写字提出了“会认”和“会写”两种不同的要求，实行认写分开、多认少写，要求会认的生字不一定要求会写。第一学段要求会认1600个、会写800个，第二学段会认2500个、会写1600个，第三学段会认3000个、会写2500个。人教版教材以“我会认”“我会写”明确区分两类生字。北师大教材虽没有明确标示出两类生字，但在课文后，先罗列出会认的字，后罗列出会写的字，多音字用蓝色表示，前面已要求会认，现在又要求会写的字用褐色表示。对于“会认”的生字，只要求学生能认识，在本课文中或其他语言环境中能够再认，不要求抄写、默写。对于“会写”的生字，要求学生读准字音，认清字形，按照笔画笔顺正确书写，结合语言环境和生活实际理解字义，并尝试在口头和书面表达中运用。

（二）遵循儿童心理特征和遗忘规律

小学中低段儿童有其特有的心理特征，主要表现在思维、记忆、注意等方面。在思维方面以具体形象思维为主，抽象逻辑思维不够发达；在记忆方面，无意识记、机械识记、具体形象识记仍起着重要的作用，而有意识记、理解识记、抽象逻辑识记正迅速发展；在注意方面，无意注意占主要优势，有意注意正开始发展，易受到新鲜事物的刺激与影响，注意时间不够持久。另外，儿童还具有较强的好奇心，喜欢玩游戏，擅长模仿。因此，教师在进行识字教学时，应尽可能采用直观形象的教学手段、变换教学方法，尽可能给学生展示实物、模型、图片，或者播放动漫、视频，或者做游戏、现场表演等，以适应儿童的思维、吸引儿童的注意、强化儿童的记忆。

（三）正确且科学的对汉字进行解读

汉字是表意体系文字，是音、形、义三者的统一体。汉字一字一形，数量大，且同音字、多音字、多义字、形近字较多，难以辨析。教师在进行识字教学时，能够根据汉字的构字方法进行教学，科学地解读汉字，提升学生的识字能力。在识字教学中，教师若能正确地分析汉字的形体构造，科学地解读汉字，这不仅能让学生把握汉字形体、结构、部件和笔画的特点，轻松习得汉字，也能让学生体会到古人造字的巧妙，感受到中华民族的伟大智慧，引发热爱祖国语言文字的感情，激发主动识字的兴趣和强烈愿望。

（四）运用多种方法教学与巩固生字

识字教学时，教师宜采用多种方法认识生字和巩固生字，不仅要让学生读准字音，还要让他们记住字形、了解字义，帮助他们建立起音、形、义三者的联系。在识字教学时，教师应根据学生的心理特征和不同年级的识字要求，采用恰当的、多样的识字方法。为了巩固识字效果，教师可以在识字教学中让学生借助拼音认一认，去掉拼音认一认，打乱顺序认一认，回到课文认一认，换个地方认一认，做做游戏认一认，扩展阅读认一认等。同一个生字以不同的方式出现，在不同的地方出现，在不同的语境中出现，如此反复多次，不断重复，以加深印象，巩固识字。

（五）指导学生在生活中多识字练习

识字教学不应仅仅停留在课本上、课堂上，应充分利用课本以外、课堂以外的其他资源，还应鼓励学生家长参与到识字教学中来，以帮助学生巩固识字效果、扩大识字量。如教师和家长可以引导学生通过认记老师、同学的名字，教室、办公室、实验室的门牌，教室里的标语、黑板报，校园的标语、横幅；可以通过看电视、阅读儿童读物等方式。只有让识字源于生活，又回归生活，才能让汉字真正地活起来，才能让学生深切感受到识字的实际意义，体会到汉字的重要作用，享受到识字的成功与快乐。

第二节　小学语文的阅读教学分析

一、小学语文阅读教学的内涵

在语文学习中，阅读是一个至关重要的模块，它为学生打开了一扇观察世界的大门。在阅读优秀作品的过程中，学生观察到这个世界的精彩，他们的情操得到了陶冶，自身的价值观念也变得更为科学。他们在和他人进行交流的过程中没有更多的阻碍。阅读的过程中，能够更好地对学过的知识进行应用，学生是否具备扎实的文学基础，能够通过阅读更好地体现出来。阅读能够对个体的综合能力进行最佳的评价，它也是小学语文教学过程中尤为关键的一个模块。小学生具有较强的可塑性，他们对于世界的好奇心较强，求知的欲望也十分强烈。然而，正是由于他们具有这份好奇心理，假如他们在阅读的过程中缺乏有效的引导，直接的结果就是造成了读书是一种走马观花的行为。更为严重的情况下会造成学生三观扭曲，甚至走上歧途。身为语文教师，应该把更多的精力放在阅读教学上，对于语文阅读进行合理的安排，对学生进行科学的引导，通过这样的方式，才能确保学生的语文阅读素养能够不断增强。

在开展阅读教学的同时，师生各自的角色存在极大的差异。语文教师在学生的阅读中起引导作用。教师必须站在如何增强学生阅读有效性的角度引导学生开展阅读。在语文课堂当中，学生作为学习的主体，他们对于材料进行分析，深入开展文本的交流，在更大的范围内进行阅读实践。他们结合自我的理论认知对文字进行理解，将自我的主体性充分展示出来。只有通过更多的教育实践，教学模式是否有效才能够得到更好的检验。学生在不断积累的过程中对阅读产生了浓厚的兴趣，阅读习惯也变得更为优秀，阅读能力得以增强。

综上所述，阅读教学不光是为了让学生能够理解，还需要引导学生在读懂的同时把握内在的方式，具备理解的能力。阅读教学这门课程本身就具有较强的实践性，学生在读的过程中感悟，在读的过程中理解，在读的过程中自我的情感得到陶冶。

二、小学语文阅读教学的地位

着眼于小学语文教学的总体目标可知，在小学语文教学中，阅读教学是绕不开的一个重要话题。目标强调，学生需要具备“独立阅读的素养，对于不同的阅读方法进行较好的把握。有着扎实的知识积累，具备较强的语感，强调情感体验的重要性，对自我理解能力进行更好的建设。具备读懂杂志报纸的能力，能够对文学作品进行赏析，确保自身的精神世界不断丰富。利用工具书能够读懂简单的文言文”。这是指导阅读教学的一个明确思路，也强调了小学语文教学过程中阅读教学的价值所在。通过语文阅读，学生的“听、说、读、写”能力被有效连接起来。通过小学语文阅读教学，学生不仅能够具备更高的语文能力，也能够对于语言进行更加灵活的运用。通过语文阅读，使学生的逻辑水平、思维能力、认知水平等得到了综合的锻炼，也让学生能够更好地组织语言，锻炼他们的写作能力，提升对话能力。这些都对学生的成长具有无可替代的作用。

就学生个体的维度而言，阅读教学促进了学生的个性成长，对于受教育群体具有关键性价值。阅读方式多种多样，其类型也众多，阅读材料包括多种类型，涉及方方面面。鉴于阅读教学的涵盖面较广，在开展语文阅读教学时，更加有助于促进学生的个性发展，提升他们的综合素养。其作用不仅在于能够开发智力，还能够调节学生的思维状态。在开展阅读教学活动时，利用各种各样的阅读素材，学生学会了对于问题进行深入的思考、分析，也增强了学生的创新能力。学生能够利用天马行空的想象，进行独立思考，通过阅读教学增强自信心，践行了“以生为本”的根本原则，将学生的主体性体现得淋漓尽致。但是，阅读教学对学生能力的提升绝不仅限于这些方面，它更加完美地彰显出小学语文学科兼具工具性和人文性。具性是重要的载体，人文性是其内在核心工。语文教学不能单单着眼于知识的传递，特别是阅读教学更应该站在课程本身的维度，深入挖掘语篇、段落、句子的内涵，将文章中的人文性充分体现出来。教师引导学生深入认知其内在的价值，让学生能够利用这一机会形成正确的三观，陶冶自我情操，发展自我个性。

综上所述，小学语文教学过程中，阅读教学占据着重要的地位，它能够确保学生的综合素养不断增强，学会主动积极地进行思考，增强创新思维，陶冶自我情操。

三、小学语文阅读教学的作用

小学语文教学中，阅读教学是一个关键模块，其重要性不言而喻。开展阅读教学时，要把握课文的重点词汇与难点词语，了解文章写作技巧，对其思想核心进行把握，这是教学的关键所在。阅读教学既具有工具性，也具有人文性，它与语文知识学习之间有着密切的联系。换言之，在开展人文性教育时，我们不能脱离文本对其进行孤立、抽象的理解。要遵循教师的引导，利用阅读理解的过程理解材料内在的丰富内涵，把握其核心思想。利用体验与感悟影响学生的综合能力、语文素养与价值选择。

（1）拓展学生识字量的重要途径。阅读的对象是文字组成的文本，通过阅读能够识字，阅读在学生学习过程中扮演着重要的媒介作用。文字能够将语言记录下来，文字是一种特殊的符号形式；通过语言来体现文字的价值，如果没有语言这一载体形式，文字的价值甚至可以忽略不计。要想体现文字的价值，需要和语言相互结合起来，因此，文字和语言紧密相关，无法分离。理解语言也需要建立在认识文字的基础之上。开展阅读教学时，阅读材料当中包含着众多的书面文字内容。利用阅读，学生能够更好地识字，也可以结合自我认识，深入挖掘文字背后所蕴含的丰富知识。如此一来，阅读教学为识字提供了优越的语言背景。在这一语言背景中，学生能够认识更多的文字。此外，需要强调的是，识字是阅读的一个重要基础。识字和阅读之间的关系尤为紧密，要对二者的关系进行深刻理解，真正认识到识字在阅读教学中的价值所在，科学把握两者的关系，让语文教学的开展变得更为顺利。

（2）提高学生理解与写作能力的重要方式。学生要想对书面语言形成更好的认知，需要通过阅读教学来实现。语文教学包括四个不同的模块，分别是“听、说、读、写”，其载体多样，其中重要的一个就是书面语言。书面语言通过多种形式体现出来，常见的包括“字、词、句、段、篇”。要想对其进行更好的把握，需要展开多种形式的练习，包括默写、朗诵等，将不同的方式结合起来。阅读教学不单单是针对文章而言的，在对文章进行阅读时，首先要正确理解“字、词、句、段、篇”，然后才能对文章形成科学的把握，了解其精髓所在。如此一来，阅读教学就不单单是针对文章而言的，在阅读的过程中，学生的听说读写能力得到了潜移默化的训练。阅读对于学生能力的训练不是针对特定方面的，它是一种综合素养的培育。除了能够获取信息，把握知识之外，学生多种素质得到锻炼。这也能够充分表明：阅读文章是阅读教学的核心，把段落、篇章、字词等融会起来，开展听说读写等综合性的语文训练。这也有效提升了学生多方面的素养，这一点不容忽视。

（3）促进学生形成积极的人生态度和正确的价值观。文字不单单可以被看作是特殊的符号，从人类社会发展的角度来看，文字也可以被看作一种文化形态，它是传承文化的关键要素，并非独立于人类之外的存在。人与文字之间紧密相关，它能够将人类发展过程中的各种思想淋漓尽致地体现出来。语文学科具有较强的人文性，其中包含各种各样的文化内容、思维哲理、价值观念等。它不仅能够在思想上启迪人们，也能够确保个体文化品位的不断提升，审美修养的逐渐形成，确保阅读者具有更为正确的人生观和世界观。从语文教师的角度而言，语文教学除了能够进行理论知识的传递之外，老师更应该着眼于语文课程自身的特征，在开展教学时深入挖掘文本的词汇、段落、语篇等，把握教材内在的人文性。让学生科学理解、正确认识、深入思考上述文本资料，提升自我的道德情感，发展自我个性，培养正确的三观。

（4）促进教师专业技能的发展。阅读教学能够让教师的专业能力不断增强。身为小学语文教师，面对当下迅速发展的信息化步伐，必须意识到学习的重要性，时时刻刻关注自我能力的提升，将阅读课堂有效利用起来，确保自身多方面的素养不断增强。积极成为传播理念的先驱，践行理念的实践者。怎样开展阅读教学，如何把握好各种读物，需要立足于多个维度，通过多元化视角反映出语文教师的自我专业水平以及个体文化修养。当下，新课改提出了多种要求，阅读教学也面临着多重阻碍。老师必须要有足够的危机意识，着眼于多个方面增强自我素养，让自己拥有更广的知识面。强化理论学习能力，关键是需要读专业的书籍，了解国家的政策走向，关注阅读教学的发展趋势。开展实践教学的同时，教师应该拥有创新，在工作中对自己严格要求，确保教学活动的开展更有目标、更有计划，也更具策略性。不管是在课堂的哪一个环节，都需要积极配合、深化反思、未雨绸缪，确保自身素养不断增强。语文阅读教学需要教师具备更多的知识储备，更高的专业素养，凸显出阅读教学的关键性所在。结合阅读教学深入开展研讨，确保教师专业能力的持续提升。

四、小学语文阅读教学的特性

（一）主体的自主性

学习过程中，学习的主体是学生，阅读的主体也是学生。在开展阅读活动的同时，学生要不断发挥自我能动性，通过自我的理解与思维方式深入研读阅读素材。在阅读教学过程中，“思考”是一个十分关键的环节。要注意阅读的深刻性，不能对其进行泛化理解，要深入其中去理解，从阅读的素材中将其内在的含义挖掘出来，感悟人生的真谛。从中我们能够看出学生在阅读中的主体性，这在很大程度上保证了阅读的最终效果。

（二）实践的延伸性

阅读可以被看作是实践的一种，小学生在文本当中能够把握特定的思维理念，产生新的想法。这对于学生本身而言是一种知识与理论的延伸。然而，文本解读促进了文本与读者之间的交流，也可以被看作是文本本身与读者经验相交互的过程，也是一个不断探究的过程。在一些特殊的情况下，由于学生的认知能力是十分有限的，有可能无法正确地理解作者的观点，对其产生误解。在开展阅读教学的同时，语文教师要站在学生智力、学生心理特点以及学生认知角度，探索更适合学生的教育形态。

（三）过程的调控性

阅读可以被看作是心理变化的过程，通过书面符号，读者能够把握其内在的意义。通过不断反思、深入认知，把这些符号进行一定的转化，将其变为能够自我认知的内容。就小学语文阅读教学的维度来讲，它不可能一蹴而就，需要时间的大量积累。语文教师在对文本进行深入理解之后，能够设计出与文本相符的，由表层到深层的阶段性教学形式。教师首先需要深刻理解文本，利用相应的教学手段，确保引导学生形成对文本的科学认知，更好地促进文本内容不断转换。

（四）效果的差异性

身为受教育者，各个学生存在明显的特色。不能对他们的认知水平、语言素养、理论积淀、组织能力等同等看待。开展阅读教学的同时，在面对完全不同的阅读材料时，学生通过文本产生的阅读效果也是完全不同的，这一现象在语文阅读教学中并不罕见。学生进行文本阅读，能够着眼于自身的主观条件进行深度思考。正如莎士比亚所言“一千个读者就有一千个哈姆雷特”。面对同样的阅读资料，学生的观点是完全不同的，这一现象也是不可避免的。从这一点来讲，小学语文教师在开展教学的过程中需要对学生进行必要的引导，让学生真正理解造成差异性存在的根源。

五、小学语文阅读教学的规律

不同时期的教材大都会探讨阅读教学的过程或步骤，其依据当然是阅读教学过程的一般规律。因此也有教材先探讨一般规律再探讨教学过程。其实，阅读教学过程的基本规律也是不同时期教学大纲所关注的内容。从语言文字到思想内容，再从思想内容到语言表达；从整体到部分再到整体，这确实是阅读教学过程中应该遵循的基本规律，这一基本规律在许多论著中都有论述，具体如下。

第一，指导学生阅读一篇课文，必须把它作为一整篇文章让学生读懂，要带领着学生在文章里走个来回。教学的大致程序为：先把语言文字弄清楚，从而进入文章的思想内容，再从思想内容走出来，进一步理解语言文字是怎样组织运用的。

第二，文学作品的教学，在准备谈话后通过阅读全文让学生对作品有了初步的完整的认识，然后在这个基础上再逐部分地阅读并加以分析。这就是从整体到部分。各部分阅读分析之后，进行复述工作和概括性谈话，使学生在熟悉作品每一部分的基础上，思索作品的整体，领会各部分之间、形象与基本思想之间的联系。这就是由部分再回到整体。这样才能透彻地理解课文，获得鲜明而完整的形象并受到深刻的感染。特别是教授篇幅较长的作品，教师先把全篇作品作扼要的讲述，略述全文结构的梗概，或者指出贯穿全文的线索，目的在帮助学生了解某一部分的时候，知道它跟整篇的联系。然后逐部分地讲读。讲读某一部分，要注意它跟别的部分的承上启下的关系。可以运用编段落大意、复述、总结方式，让儿童获得对全篇作品的完整领会。这样的分段阅读分析虽分两堂或三堂来完成也是不会使形象割裂的，因为它注意到从整体到部分又从部分回到整体的原则，注意到部分与整体，部分与部分间的联系。其实，不仅文学作品的教学应该遵循这样的规律，任何文本的教学，都应先让学生对文本有个整体的了解，然后再深入理解“部分”，最后才能达到“整体”的掌握。

第三，讲读课的课堂教学不必固守一定的模式，但在教学的时候要有整体性观念。要从整体入手，先对文章的整体有初步的认识，再深入各个部分，然后再回到整体上来，获得进一步的更完整、更深刻的认识。阅读之初，要凭借着语言文字读进去，了解文章的主要内容，体会作者的思想感情。在对文章的思想内容有了一定的认识和感受以后，还要进一步再读语言文字，体会语言文字是怎样反映思想内容的，加深对语言文字的理解，进一步提高理解水平。

第四，读者要读懂文章，当然也“披文入情”，从理解字、词、句、篇入手，进一步理解文章内含的思想、观点、感情。一般地说，阅读教学的过程（步骤）可以按照由整体到部分再到整体的顺序进行教学。

第五，单篇课文的理解可以通过自上而下加工和自下而上加工，“篇章结构的理解”与“字、词、句的学习”“互为学习的条件”“没有严格的或单一的起点能力”，这里虽然没有提出一定要“自上而下”、先梳理“篇章结构”，再学习“字、词、句”，即从整体到部分，但是，对“篇章结构”的理解也是“字、词、句的学习”的条件，最起码也能说明让学生先大体了解课文整体情况对于详细学习“字、词、句”是必要的。

第六，阅读过程首先是一个整体感知的过程，即从整体教学目标出发（一册书、一个单元或者一篇课文）安排教学程序，让学生直接接触课文，而且是整篇课文。从整体到部分再到整体的教学思路也是符合图式理论观点的。从图式理论来看，人们在阅读一篇新的、内容不熟的文章时，如果见到一个熟悉的标题，读者总是根据这个标题所提示的原有知识来同化文章中的相关内容。对于内容丰富的文章，读者一般首先了解文章的大致结构和主要内容，通过反复来回阅读，不断加深对文章的理解，最后能从主题思想、写作方法、遣词、造句的特点等方面来分析和评价文章。

从语文课堂的总体结构看，要考虑四个维度：一是哲学的维度：整体—部分—整体；二是心理学维度：内化—外化；三是教学论维度：感知—理解—巩固—应用；四是阅读学维度：熟读—读厚—读薄—读精。

六、小学语文阅读教学的模式

自 20 世纪 80 年代以来，我国阅读教学研究异常活跃，有关阅读教学课堂结构的成果层出不穷。以下探讨一些较有特色的阅读教学模式。

第一，“揣摩、引导、讨论、点拨”课堂结构。从适应培养自学能力的需要出发，在实践中探索出的一套阅读教学课堂基本结构。“揣摩”“讨论”是指学生的学习实践，“引导”“点拨”是教师在其中起的主导作用。

第二，“整体回环阅读教学法”。根据人们认识事物“往往是先从整体入手，然后分为若干个部分深化，最后再回到整体”的规律，该模式设计了阅读教学的五个基本步骤：提出课题，明确任务；通读全文，抓住中心；依据中心，厘清思路；围绕重点，分段精读；由段至篇，回环整议。

第三，语文单元达标教学课堂教学结构。这是一种借鉴布鲁姆掌握学习理论而设计的语文课堂教学结构。一篇课文的教学一般分为感知了解、分析理解、概括深化三个学习阶段。其课时教学模式一般分为四个环节：激发兴趣，明确目标；指导自学，实现目标；综合训练，深化目标；反馈矫正，达成目标。这种教学结构的突出特点是以教学目标为依据，以指导学生自学为途径，以反馈矫正为保证，以使绝大多数学生达到教学目标为目的。

第四，情境教学模式。情境教学是语文教学中影响最大的一个教学流派，前面已介绍过。情境教学的步骤一般为：初读——创设情境抓全篇，厘清文章思路；细读——凸显情境抓重点，理解关键词、句、段；精读课文凭借情境品语感，欣赏课文精华。

第五，六步教学。"六步"是：定向—自学—讨论—答疑—自测—自结，这是特级教师魏书生提出的六步阅读教学程式。这种教学方法按"定向（提出课文的学习重点）—自学—讨论（提出自学中的问题和师生讨论）—答疑（找查工具书参考书，或由同学、老师解答）—自测（练习）—自结"来组织阅读过程。"六步教学"的特点在于把教师的指导和学生的自学紧密结合起来，让学生能独立解决阅读任务的一部分或大部分。

第六，"明确目标，强化训练"阅读教学课堂结构。该课堂结构包括五个环节：整体感知、重点突破、全面欣赏、巩固语言、综合考查。该结构是针对当时阅读教学存在的两个问题而设计的：重视对课文的分析理解，而忽视语言的积累和运用；对课文分析面面俱到，但目标不明确、不集中，抓不住重点。其特点是重视目标的作用、重点突出、训练扎实。

第七，"五环节七步骤"课堂教学结构。这是以系统论为理论依据而设计的一种课堂结构。其教学过程包括五个环节：基础训练；出示目标；指导学习，反馈矫正，调控训练；巩固提高；总结达成度。其中第三个环节包括交替进行的"指导学习""反馈矫正"和"调控训练"三步，其余环节各为一步，因此共七步。每个步骤都规定了调控时间。这一结构具有两个明显特点：一是课堂设计有明确的目标和过程，二是课堂教学重调控、重强化。

第八，"问题研讨式课堂教学结构"。这是在目标教学理论、合作教学、和谐教学方法影响下设计的一种阅读教学课堂结构。在提前分好组的情况下，该结构有五个环节：激情导入、出示学习问题、小组学习讨论、班级交流学习情况、质疑交流。

第九，"读读、说说、议议、写写"。读读——指导学生朗读课文；说说——引导学生感知课文内容；议议——启发学生围绕中心句，层层展开，理解课文内容；写写——指导学生展开想象，练习写话。这一课堂教学结构，力求让学生多读、多说、多议、多写，把读、思、说、写有机结合，从而培养学生阅读能力，促进其语文能力的全面提高。

第十，"导读—扶读—自读"教学模式。这种结构适用于教授几个部分结构、写法基本相同的课文（如《美丽的小兴安岭》《美丽的公鸡》）。"导读"，即在教师指导下阅读；"扶读"，即让学生尝试利用上述方法阅读；"自读"，即运用学法自学课文，在自己读书、思考的基础上讨论、交流。这种教学结构有助于学生理解学习过程，积累学习方法。

七、小学语文阅读教学的课型

课堂教学的课型指课的类型或模型，是课堂教学最具有操作性的教学结构和程序。小学语文阅读教学大致可划分为精读课教学、略读课教学和课外阅读指导课教学三种类型。

（一）精读课教学

“小学语文精读课教学是阅读教学的核心内容”①，它不仅为学生略读提供方法和技能，而且关系着语文教学重难点的有效处理。

第一，精读课的基本特征。精读课是以深读为基础，以全面训练学生的语文素养为特征的综合性阅读课型。教学任务包括阅读理解、情感陶冶、知识习得、语言积累和语言运用等方面，以培养学生语文能力为核心。

第二，精读课的教学模式。初读课文，整体感知。上课伊始，可根据教学需要和学生的年龄特征，创设一定的教学情境，以激起学生学习课文的动机和兴趣；接着指导学生默读和浏览课文，要求学生读准生字、读顺课文，思考后讨论类似“这篇课文主要说了哪几件事情”这样的带有整体把握的问题，这样安排的目的是使学生从整体上形成对课文的感性认识，并能初步提出一些自己尚未掌握的问题。

（二）略读课教学

“略读课在小学语文课程中地位日渐突出，然而略读课教学中普遍存在精读化现象”②。略读课必须有自己的特质，要简单，精练，省时，高效。同时能够突出中心问题，疏密有致，且彰显课文重点，从而真正体现略读课的特质，取得良好的教学效果。

第一，略读课的基本特征。略读课的主要特点在于培养学生的略读能力，其主要任务是让学生了解课文的主要内容，体会课文的主要思想感情或深层含义，并学习略读方法。

第二，略读课教学模式。①略读课文，了解主要内容。学习方法：先提出一个问题（即这篇课文主要说了几件事），然后让学生带着这个问题阅读课文，在个人思考的基础上分组或全班讨论。②再读课文，体会主要思想感情或深层含义。学习方法：先就课文表达的主要思想感情或深层含义提出一个问题，然后让学生带着这个问题再读课文，之后在组内或班内进行讨论。

（三）课外阅读指导课教学

第一，课外阅读指导课的基本特征。课外阅读指导课是为推动课外阅读，提高学生阅读能力，增强学生语言综合素养而确立的一种新课型。这是一种“学会阅读”的实践课，一般每两周安排一节，其基本任务是：激发学生的阅读兴趣，调动学生参与课外阅读的积

①齐进．浅谈小学语文精读课“导学案”设计原则［J］．学周刊：下旬，2013（3）：1.

②王文永，董纪敏．小学语文略读课教学的有效策略［J］．教育与教学研究，2011，25（7）：4.

极性；引导学生选择课外读物，制订课外阅读计划；指导学生总结交流读书心得，逐步增强阅读能力。语文教学实践证明，“多读”是增强学生阅读能力的重要途径。课程标准规定，九年课外阅读总量应在400万字以上。

第二，课外阅读指导课的教学模式。根据课外阅读指导课应承担的教学任务，可将这种课型分为两大类：①阅读兴趣培养课。阅读兴趣培养课的教学步骤：一是以读激情，即通过多种形式的读来激发学生课外阅读的兴趣；二是情中探理，即在学生体验作品思想感情的过程中，教师或学生提出可供深思的问题，引导学生热烈讨论，从而激起学生爱读、乐读的感情。②阅读能力训练课。阅读能力训练课的教学步骤：第一步：课前准备，就是师生共同选几本读物或几篇文章，学生每人选读一本（篇），同时教师提出阅读能力训练的要求，学生自主地读书和思考，做好发言的准备（包括质疑问难）。第二步：交流心得，可先分小组交流（按读物分组），然后全班交流，各组推选代表发言（举行读书报告会）。第三步：总结评价，尽量让学生都参与评价，以教师点评为主。

第三节　小学语文写话与习作教学

一、小学语文写话与习作教学的认知

小学语文写话与习作教学，就是平时我们所说的作文教学。细致比较起来，写话与习作教学的范围则宽泛一些，它包括小学低年级的说话和写话，也包括中高年级的习作教学。

（一）小学语文写话教学的认知

“写话是用文字记录自己心头所想，口头所讲的行为，是把口头言语转化成书面言语的过程；写话训练是一种集习字、语法、口语交际、写作于一体的综合练习，是低年级小学生进行作文启蒙的途径”①。小学语文写话教学作为小学语文作文教学的第一阶段。小学语文写话教学的目的是让学生对写话有兴趣，留心周围事物，写自己想说的话，写想象中的事物；在写话中乐于运用阅读和生活中学到的词语；根据表达的需要，学习使用逗号、句号、问号、感叹号等。

对于小学生而言，“话”天天要说，但一落实到写，好多学生都会感到“无话可说”。

①赵凌澜．小学语文写话教学研究［D］．桂林：广西师范大学，2017：3.

其实这个年龄阶段的孩子，他们有着无限丰富的精神世界，是天生的想象家。他们有着其他任何年龄段所不可能具备的儿童语言财富，只是他们还不知道该如何进行书面表达。因此，在第一学段，我们主要的任务在于引导学生学习语文的过程中，先来学习别人是怎样把自己想说的“话”写出来。要让学生知道，每个人心里在不同的时候，面对不同的人，都有自己想说的话。而写话，就是要把自己心里想说的话写出来，有话则长，话少则短，无话也可以不说，不必为了让大人们高兴或者完成任务说成人的话，或者强求自己写自己不想说的话。

激发学生的写话兴趣是小学语文写话教学的重要任务，结合小学低年级学生的心理发展特点进行培养能达到事半功倍的效果。小学生的写话兴趣可以分为直接兴趣与间接兴趣两种，直接兴趣是由写话活动本身引起的，如：可以写自己想写的话、可以进行自由而大胆的想象等；间接兴趣是指学生对由学习这种行为引起的外部因素而产生兴趣，如得到老师的赞赏，父母的奖励，同学的羡慕等；这两种形式的兴趣产生的力量都不可小觑。

小学低年级的学生认知能力发展有限，比起学习内容对学习活动的外部形式表现出更高的兴趣。小学阶段的儿童总体上对具体的事实和实际活动感兴趣，对事物之间的关系和抽象知识的兴趣要到小学中年级才开始起步。因此丰富多彩的写话教学形式、教学内容，特别是那些符合儿童现有经验、能引起他们兴趣的形式和内容，更容易让学生有新鲜感，并因此喜欢上写话课、喜欢写话活动。

写话概念提出的目的是降低写作的难度，让学生容易学习的同时也有意的培养学生对写作的感情，提高学生的写作自信与兴趣。对于一年级的学生而言，只用把一句话写得完整、通顺就算成功。对于二年级的学生而言，只要能写出通顺、连贯的几句话就达到了标准。除此之外，让学生在写话上取得成功和成就感也是激发学生写话兴趣的重要途径。教师要尽可能多地给予学生正面评价，鼓励他们进行写话。例如，在课堂上朗读写得好的，有进步的学生的写话作品；鼓励学生回家把自己写的话念给自己的父母听；利用班级网络平台展示学生的写话作品；对学生细微的进步——比如用了一个好词，标点符号使用到位等也及时给予表扬；让学生自己上台朗读觉得自己写得好的话等。进行丰富多彩的写话活动的同时也营造了一个良好的写话环境，保护和培养了学生写话的信心，让学生从此爱上写话。

（二）小学语文习作教学的认知

认识习作教学，先让我们共同理解“习作”这个词语。“习作”一词，由“习”字和“作”字共同组成，“习作”我们可以理解为在反复练习中学习创作。而“习作教学”是教师在教学活动中通过多种形式的语文训练，帮助学生在反复接触与练习中形成创作技能的一项重要的教学任务。“习作”，强调了一个“习”字。“习”是一个反反复复的过程，不是一蹴而就的，而是一个相当漫长的过程。在小学语文教学活动中，一定要遵循学生的生活实践，将语文训练与习作教学相结合，本着循序渐进的原则，扎扎实实，一步一个脚印地进行，进而形成学生扎实的习作基础，帮助学生形成良好的习作能力。

习作教学要兴趣领先，乐于表达。教师在设定习作初始阶段的目标时，把重点放在了培养学生的习作兴趣和增强习作自信心上，目的是首先要让孩子愿意习作、热爱习作，变“要我写”为“我要写”。应着力鼓励学生把心中所想、口中要说的话用文字写下来，消除习作的神秘感和畏难情绪，学生即使没有“作文”的意识也不要紧，要紧的是让学生乐于写、敢于写。

习作教学要突出个性，鼓励创新。习作是运用书面语言进行表达和交流的重要方式，是认识世界、认识自我、进行创造性表述的过程。要鼓励学生有个性地自由表达，减少对习作的种种束缚，在习作中培养学生的创新精神。要能不拘形式地写下见闻、感受和想象，注意表现自己觉得新奇有趣的或印象最深最受感动的内容。习作教学强调有个性、有创意的表达，并不等于胡思乱想，其前提条件是生活本身的多样性、知识经验积累的丰富性，以及观察的多角度。要养成留心观察周围事物的习惯，有意识地丰富自己的见闻，要多角度地观察生活，发现生活的丰富多彩，捕捉事物的特征，力求有创意的表达。

习作教学要贴近生活，引导实践。语文教师要引领学生在贴近生活中积累丰富多彩的习作素材，在多样化的习作实践中“学会习作”。习作教学应贴近学生实际，让学生易于动笔、乐于表达，应引导学生关注现实、热爱生活、表达真情实感；要用积极的评价引导和促使学生通过观察、调查、讨论、阅读、思考等途径，运用各种方法收集生活中的材料。只有把学生的目光引向自然生活、学校生活、家庭生活、社会生活，指导学生做积累素材的有心人，做到平时积蓄充实，习作时就不会感到难。虽然要积蓄的东西是多方面的，有生活、知识、语言、思想认识等，但最主要的是生活的积蓄。学生要写出诚实的、自己的话。

习作教学要夯实基础，读写沟通。写作教学要让学生易于动笔、乐于表达、有创意的表达。学生尝试在习作中运用自己平时积累的语言材料，特别是有新鲜感的词句，能根据习作内容表达的需要，分段表达，能运用联想和想象，丰富表达的内容，能根据文章的内在联系和自己的合理想象，进行扩写、续写。夯实基础主要是指语言能力（指字、词、句、段、篇的基本功，它是语文素养的基础，也是习作创新能力的基础）和思维能力，它是习作教学的重点，而且要做到同步发展。

习作教学要合作分享，共同提高。语文教师要将合作分享的思想引进到习作教学理念之中。让学生愿意将自己的习作读给别人听，与他人分享习作的快乐，愿意修改自己的习作，并主动与他人交换修改。要重视引导学生在自我修改和相互修改的过程中提高写作能力。要引导通过学生的自改和互改，取长补短，促进相互了解和合作，共同提高写作水平。合作分享既是习作的一种方式，又是习作的一种动力；学生在合作中分享、在分享中合作，可以创造出习作教学的理想境界。

二、小学语文写话与习作教学的策略

（一）小学语文写话教学的策略

在写话教学的实践过程中恰当地运用写话教学策略是提高小学语文写话教学效率的关键要素之一。小学语文写话教学策略主要包括以下内容。

1. 创设写话情境

为了将学生引导写话学习的状态，教师可以采用创设写话情境，用具体有趣的写话情境来激发学生的写作需求与表达欲望，引导学生感情的自然流动和想象力的自由发挥。教师创设写话情境可以结合写话教学的目的、第一学段小学生的心理发展特点与老师自身的特点和优势对写话的具体情境进行选择。一、二年级小学生的直观性思维模式与生活经验缺乏，要求教师选择直观性强与学生生活贴近以及比较富有趣味性的情境。低年级的学生更容易对不同的课堂组织形式感到新鲜进而集中注意力，因此教师应该经常变换情境导入的方式，可以采用多种导入方法交叉运用，例如，生动的图画、优美的音乐、实践活动等都是教师比较常用的写话教学导入途径。

2. 讲解分析范例

学习书面语言的表达规范，流畅地用书面语言表达自己的思想感情的能力培养不仅需要通过阅读学习充分接触、理解大量优秀的书面语言材料，还需要通过教师的分析、讲解来学习和模仿范例，学会运用新的句型和词语造句，表达自己的思想感情。老师讲解用的范例可以是教科书上的例子、可以是学生自己造出来的好句，也可以由教师自己举例。在对范例进行选择的时候教师应该注意到小学低年级学生注意力有限，记忆力也比较薄弱，所选范例应该是简单易懂且是书面语言表达中最常用，最基本的词语和句型。随着学生年龄的逐渐增长，教师可以选择更加复杂的范例，从一个简单句到几个复合句型的组合。同时讲解的过程也应该是学生与教师对话的过程，教师应该少用讲解的方式向学生分析范例，因为低年级的学生的理解力与注意力较弱，难以理会教师的语言。教师可以与学生一起体会范例，然后再有步骤地让学生模仿范例进行口头或书面表达，这样学生就能很快地根据范例举一反三，获得书面表达的技能。

3. 引导思维与探究

在写话教学实施过程中，首先，教师可以充分利用提问来引导学生的思维与情感，激发学生的学习兴趣，引起学生主动思考。教师的问题要有目的地引导学生对事物进行观察和思考，学生在回答老师问题的过程中逐渐地完成思维训练的过程。教师的问题也可以指向学生的内心世界，帮助学生探索、明辨自己的情感，逐渐地能用语言准确的表达。面对小学第一学段的学生，教师的问题必须简单明了，指向性明确。其次，教师的提问结构中，应包含更多的事实性问题，学生可以通过正确的观察和思考得到答案。教师不仅要自己提问，还要适当的引导学生主动的提出问题，养成主动探究的学习习惯。对于学生的回答，教师应该马上给予恰当的反馈，为了保护学生的学习热情，教师的反馈应该尽量以鼓励和肯定为主。在学生通过回答问题完成了观察和思考之后，教师应该及时对这一思考过程作出恰当的总结，以便学生养成科学的思维习惯。例如，教师在课上为学生展示了一张照片，照片上有一束含苞待放的海棠花。教师让学生仔细观察照片，特别注意观察颜色、形状和数量。

4. 读说写的一体化

语文教师可以采用阅读、口语交际训练与写话训练结合的方式巩固阅读教学效果，增加学生写话训练量，达到对学生言语训练的效果。读说写一体化的常见形式有三种：第一，教材中的选文就是学生学习书面语言表达的最好例子，在通过阅读学习，充分理解阅读材料的意思之后，教师可以选择适合学生学习的重点词句让学生模仿；第二，对于简单有趣的儿童诗、童话等课文，教师也可以根据学生的实际情况，让学生学着仿写、续写课文；第三，教师也可以选择课文中有意思的地方让学生们进行讨论、交流，做一次小小的口语交际活动，后再把口语交际的成果写下来。当然教师要根据阅读材料和学生的实际情况来设计口语交际活动与写话训练。

（二）小学语文习作教学的策略

小学语文教师不仅要正确解读、全面把握习作教学理念，还要努力将这些理念变成习作教学行为。这就需要探索创新习作教学的基本策略，以增强教学的针对性、指导的实效性。基本指导策略，是指反映习作教学规律、具有普遍指导意义的策略及方式方法。探索创新习作教学基本指导策略的主要目标是解决学生“乐于写”（兴趣）、“有写的”（积累）、“写得来”（方法）等问题。

1. “乐于写”

（1）创设情境法。在习作指导中，教师精心创设的情境，不仅能使学生感到有话可写，在轻松愉悦的氛围中找到需要表达的内容，而且能激发学生浓厚的习作兴趣、调动学生强烈的习作欲望。

（2）语言诱导法。不少教师习惯于给学生讲习作之于人的一生发展的重要性，想以此来激发习作欲望、调动习作兴趣，但效果往往并不理想。这是因为，“内在需要”是产生习作动机、调动习作兴趣的真正根源，而对多数涉世未深、尚未能对生活“深谋远虑”的小学生而言，“未来”是十分遥远的。因此，习作重要性的教育难以给他们以心理、情感或精神需求上的满足，这样所产生的动力是很有限的。要想激发学生的习作动机，调动他们的习作兴趣，就得想方设法满足学生的心理、情感需要，让他们体验到习作的快乐。教师入情入境的语言诱导就是一种极有效的方法，往往能沟通学生的心灵，激发他们的习作欲望，活跃习作的形成。

（3）自主拟题法。习作是“缘情”“言志”之物，真实的习作应该是“我手写我口”，为习作而习作、为考试而习作。由于在传统习作指导中往往是教师设定命题，然后学生去写。而命题只有一个，学生却有几十个，有的学生对此命题有感触，有东西可写；有的学生则可能对此命题不感兴趣，讨厌去写。如果学生对习作不能产生需要、缺乏兴趣，就很难写好作文。使学生对命题产生真情实感、对习作发生浓厚兴趣的一个很有效的办法，就是把习作的主动权交给学生，让学生通过自主命题，写自己有真情实感、饶有兴趣的内容。让学生“自主拟题习作”，并不是说教师可以不加引导。一般而言，学生“自主拟题”能力的形式需要经历一个“由扶到放”的过程，在开始阶段，教师可以组织学生从交流习作素材入手，引导学生从自己积累到的习作素材中拟定习作题目，然后组织学生评比，看谁拟定的习作题目新颖有趣，让学生从中初步掌握拟题的基本方法，并且在平时的习作指导中坚持引领学生自拟题目，逐步提高学生自主拟题习作的能力。

（4）合作习作法。就是让学生习惯于独立习作为学生集体或相互交流式的习作，使学生在习作中互相激发思维、激发兴趣，使每个学生的习作增加了更多读者。

（5）品尝成功法。让学生获得奖励、品尝成功是培养和激发学生习作动机的催化剂。使学生在习作中获得成功感受的方法包括：一是对习作采取评赏性的评改方法，就是教师先要当好学生习作的忠实读者，从批评的取向改为欣赏的取向，使评语、评分能更好地激发学生的习作动机。二是组织广泛的作品交流活动。世界上几乎没有不为传播而写的文章，学生把习作读给同学、老师听或拿给伙伴、家长看，还可以张贴在“习作园地”里展览，甚至可以出版作文集，这些都是传播方式。因此，教师要尽力创造条件让学生的习作得以广泛地传播交流，这十分有利于让学生品尝成功的快乐、增强习作的兴趣。

2. **“有写的”**

学生要写出好习作，应当有丰富多彩的素材，教师需要指导学生积累习作素材，帮助他们建立一个属于自己的习作材料库。要引导学生广泛阅读，帮助学生积累语言材料，开拓写作思路。可以为学生的阅读提供丰富的源泉，倡导在学生中推行绿色海量阅读，依据绿色海量阅读的群体行为特点，带动整个班级阅读。教师及时、随机检测阅读成效，通过设置特定的教学环节，例如，课前三分钟等方式，将课外的阅读与课堂教学，包括阅读教学和写作教学无缝结合起来，充分发挥阅读积累这一写作基础的功能，帮助学生拓宽视野，积累写作材料。教师可以运用以下方法指导学生。

（1）观察积累法。生活中有写不尽的人、事、物、景，然而一些学生习作时却往往空洞无物。这是因为教师引导不到位、学生观察不得法。我们要从激发学生“对周围事物有好奇心”出发，着力于引导学生观察积累，使万事万物汇入学生笔尖。

（2）活动积累法。小学阶段，孩子们最热衷的莫过于做游戏、动手实验、参与各种实践活动，拥有自己的兴趣与爱好。也正是这些点点滴滴组成了多姿多彩的童年。教师有目的有组织地引导学生开展或参与各种活动，提供亲自感受现实生活的机会，不仅有利于学生积累真实、生动、典型的习作素材，而且还有利于他们在体验情感、提升认识的过程中深化习作主题，写出富有生活气息和鲜明个性特征的习作来。学生在参与这些活动中，感受了事情的经过、了解了基本的事实，学到了鲜活的语言，就会有东西可写，有感而发。

（3）阅读积累法。阅读能为学生打开通向世界、连通古今、通向内心的门户，能为习作找到数不清的“切入点”并树立许多的“习作的范例”。因此，在引导学生通过观察、活动等途径积累直接性习作素材的同时，还要引导学生通过阅读积累间接性习作素材。

3. **“写得来”**

学生习作，有了直接性素材或间接性素材还只是第一步；要达到“写得来”特别是“写得好”的要求，还必须具备基本的习作能力，掌握常用的方法技巧，如怎样选材、谋篇布局、语言表达等。小学语文习作教学应该吸取借鉴习作教学的成功经验，着力于引导学生进行丰富多彩的习作实践，让他们在实践中悟得习作的方法技巧、形成习作的基本能力。引导学生进行习作实践的主要策略方法如下。

（1）突出重点法。文章是一个由诸多因素构成的综合体，习作需要多方面的修养历练和持之以恒的实践锻炼。因此，培养学生的习作能力必须从整体着眼、局部着手，做到每个学段、每个学年、每个学期、每一次习作教学都有所侧重，逐步提高学生习作能力。

（2）系列练笔法。系列练笔法就是根据习作教学的目标，结合班上学生实际，开辟多个系列的习作训练途径，引领学生多练笔，在实践中增强习作能力、领悟习作方法。

（3）仿中学写法。模仿是儿童的一种心理特性，也是他们习作起步的重要台阶。因此我们要充分利用“读写结合、相似迁移”这条快捷途径，通过向学生提供好的范文引导模仿，让他们在模仿活动中渐渐消化吸收，成为其习作构思时受到启发的“原型”。模仿的对象除教材中的范文外，还要有目的地从课外读物中选择好的范文让儿童“临摹”，甚至可以把教师的“下水”文或班上学生的优秀习作当作“范文”，因为“身边的榜样”学生更感亲切、乐于学习。

（4）情境自悟法。语文习作教学要变“授之以鱼”为“授之以渔”，引导学生在具体生动的情境中自主感悟习作方法，并依照自主感悟而来的方法自我撰文、自扬情愫、自抒心声。

（5）命题促写法。习作命题就是一个刺激物，如果太难，很多学生不能调集心中积累的信息来解题；如果太容易，很多学生不用动脑筋就轻而易举完成了，都不符合“发展性教学”原则，当然也不利于学生习作能力的发展和习作方法技能的获得。根据信息（学生已有积累）与习作命题平衡的规律，成功的习作命题既要尽量满足学生的信息积累，也要有一定的难度进而促使学生创造条件解题，这样才能进入学生的心理需求、激发学生的习作动机、促进其习作能力的发展。

此外，小学语文教师还需要抓“小练笔”积累，减缓写作训练的坡度。围绕某一个重点或中心，进行范围小、篇幅短的写作训练就是“小练笔”。“小练笔”是减缓写作训练坡度的阶梯。指导学生小练笔，可先要求学生写摘录式练笔，摘录美文美段、名言警句等，接着进行记叙式练笔，再逐步拓展篇幅，并引申拓展到其他文体的小练笔。教师可以拓宽训练的空间，适当增加习作训练量，教师要开展形式多样的活动，充分挖掘课文中的习作资源，拓宽写作教学和训练的渠道。教师还可以强化创新思维训练，培养学生的创新能力。写作教学中教师要突破思维定式，通过同一题目多角度选材、同一中心多种选材、同一材料多种立意以及同一材料多种体裁等方式训练学生思维的发散性。引导学生进行相关联想，训练学生思维的变通性；充分展示学生个性，训练学生思维的独特性。

小学语文教师要努力构建新的写作教学模式，提高习作教学的效率。教师要努力构建一个开放的，充满生命活力的写作教学新模式，这种模式基本结构是：营造氛围，诱发创新热情——放胆表达、拓展创新思维的空间——交流合作，激活创新思维的火花——评优激励，激发新的创新动机。当然，教师完全可以根据自己的教学能力和实践经验对新模式进行个性化的调整与完善。写作教学模式没有最好，只有更好，只要是有利于提高学生写作水平、有利于培养学生创新思维和能力的写作教学模式，都是好模式。

第四节　小学语文的口语交际教学

在小学语文口语交际教学中，教师要合理把握口语交际的特点，突出训练的主题与目标，有效运用口语交际教学的策略。通过创设情境，注重结合小学语文教学的特点，在各个环节有意识地培养学生的口语交际能力。教师要注意评价的导向和激励作用，充分利用随堂性评价和激励性评价，根据教学主题，因地制宜地采取富有个性的评价策略。充分考虑提高学生口语交际能力的情境与策略，积极引导学生在日常家庭生活、社会活动以及学校活动中锻炼口语交际能力。注重指导学生在口语交际中文明地表达、个性地表达以及合理运用肢体语言，准确表达自己的思想，指导学生做一个会表达且具有较高口语表达水平的人。

一、小学语文口语交际教学的类型

关于口语交际有哪些训练形式说法不一。从语言表达角度分，有质疑、求助、采访、答问、评价、介绍、接待、探访、请求、汇报、演讲、辩论等；从实践运用角度分，有对话、演讲、辩论、谈判等。根据小学生实际的口语交际使用范畴，还可以设计以下口语交际训练形式：自我介绍、口述见闻、工作汇报、祝贺感谢、接待客人、求助于人、自由议论、争辩问题、主持会议、交易商谈。根据上述不同的口语交际训练形式，可以将口语交际教学分为三种类型：独白型，对话型，表演型。

（一）独白型的口语交际教学

独白型口语交际指独自进行较长而连贯的言语活动，听众与说话者没有直接的言语交流，一般通过表情、气氛回应。独白型口语交际教学内容包括介绍。例如，自我介绍、介绍朋友宾客、介绍家庭、介绍家乡、介绍一张照片、介绍一个民族、介绍一座城市、介绍一处名胜古迹或世界名城、介绍一种动物；包括陈述，如说说个人的观点、说说自己的奇思妙想、说说自己的愿望、说读后感观后感、说经验谈教训、说目击情况、发布小小新闻；包括演绎，如说笑话、说故事、说相声、说说广告、朗诵诗文。

独白型口语交际的主要特点是以说话者为口语交际的主体，口语交际目标一般为事先预设，指向明确，交际的内容相对单一、独立，结构比较严谨、完整。如自我介绍，口语交际的目的就是让别人了解自己，交际的内容集中，一般不涉及和“我”无关的内容，介绍时需要有开场白，还需要分几方面介绍“我”的个性、特点、爱好，最后还应该有结束语等，整体结构比较严谨。

由于独白型口语交际侧重信息输出，主要目的是向别人介绍一个内容、陈述一件事情、说明一个道理，使其明白、理解，因此对表达的要求较高。交际时，不仅要求能内容正确，避免科学性错误，还要求表达有层次、有条理，选取的材料能反映表达的主题。在进行独白型口语交际教学时，应当掌握以下要领。

1. **确定主题**

口语交际的表达并不是说得越多越好，辞藻越华丽越好，而应当根据确定的主题，精选表达内容。假如不围绕主题展开口语交际，必定会出现“言愈多而理愈乱”的现象，让听者有不得要领的感觉，无法接受正确、有效的信息。因此，为了更好地把信息传递给别人，让人听清楚、听明白，在表达时，要注意“意”在“言”先，不能随心所欲地漫谈，也不宜经常变化主题。在进行独白型口语交际教学时，教师应当引导学生在表达前确立一个主题，然后围绕主题展开交际。例如，进行自我介绍，可以让学生明确口语交际的主题是“介绍自己”，应当选择和自己有关的内容，通过介绍让别人能迅速地了解自己，与此关系不大的内容，不应当在介绍中出现。又如，介绍一处风景名胜，则应当明确意识到介绍的主题是某处的“风景名胜”，而某处的工业、农业、经济建设等情况就不应当一一赘述。

2. **明确对象**

独白型口语交际教学应当引导学生形成对象意识。表达者不仅要根据信息受众的不同年龄、身份、职业等采用不同的表达方式，还应当根据口语交际场合、目的的不同，选择适合的表达方式。例如，进行竞选发言时，就要注意听众中既有同学也有老师，可能还会有家长代表，发言的内容应当适合这三个不同的群体。由于竞选场所的严肃性，还应当采用严谨、规范的表达方式，言语可以适度幽默，不能给人留下不稳重的感觉。

3. **选择内容**

进行独白型口语交际教学时，应当注意表达的内容要切题，凡是能有力地说明、突出、烘托主题的就选用，否则就舍弃。表达的内容要典型，应当选择最有特征、最有代表性的材料。能说明主题的材料很多，没有必要、也不可能把与主题有关的所有材料都表达出来，因此教师应当引导学生去粗取精，去伪存真。

4. **谋划结构**

独白型口语交际教学时，为了使表达的内容更有条理，在表达前应当设计合理的结构。一般而言，事件有发生、发展、结局几个阶段；问题有提出、分析、解决等过程；人物有成长变化的具体经历；场景有空间位置的分布格局等，依据这些可以把结构安排好。

（二）对话型的口语交际教学

对话型口语交际是由两个或两个以上的人参与的、双向性或多向性的、以口语为载体的信息交流活动，也是人际间使用最广泛、最直接、最灵活、最简便的言语交往形式。对话型口语交际以对话为主要方式，包括道歉、做客、祝贺、待客、转述、劝阻、商量、请教、赞美、批评、安慰、解释、采访、辩论、借物、购物、指路、问路、看病、打电话、邀请等。

对话型口语交际体现了交际双方的互动过程，需要双方互相配合进行言语活动，参与对话的人既要认真倾听，还需要根据实际情况表达自己的想法，回应对方的问题，因此在口语交际过程中交际双方互为主体。对话型口语交际的目标一般事先预设，但由于交往的过程中常常会出现不确定因素，因此交际目标也会因为实际情况的变化而即时生成。对话型口语交际的话题灵活、内容丰富，既可以集中在某个话题上深入全面地展开，也可以由一个话题发散开，转入另一个话题的探讨。对话型口语交际需要听说相互配合，既不能夸夸其谈搞“一言堂”，又不能不加回应使谈话“冷场”；既要注意全面理解别人的发言，又要能围绕话题发表自己的意见。由于对话型口语交际是一种面对面近距离的交际，因此可以使用口语来使交际更随和、自然。

对话型口语交际教学的训练策略具体如下。

1. 讲究对象

在对话型口语交际中，会遇到不同年龄、不同职业、不同身份、不同性格特点的交际对象，因此，交际者应当形成强烈的对象意识，针对不同对象，组织有针对性的话语，这样才能使口语交际收到理想的效果。如果不顾及交际对象的实际情况，有可能闹出笑话，甚至会引起对方的不悦，使交际难以持续。

2. 讲究场合

无论是独白型还是对话型口语交际，不仅要注意研究交际对象，还要讲究交际场合，讲究审时度势，使交际符合特定场合的要求。口语交际的场合按性质分可以分为正式场合和非正式场合；按情境分可以分为喜庆场合、悲痛场合、紧张场合等。在进行对话型口语交际时，要善于根据特定的场合来选择交际的方式，组织交际语言。如果置交际场合于不顾，不仅很难达到交际目的，甚至适得其反，贻人笑柄。

3. 讲究配合

对话型口语交际是一种双向性信息交流活动，交际双方既是交际的对象又是交际的主体，因此，双方的默契配合是交际持续和成功的重要保证。交际时，应当具有角色意识，随着话题的进展不断调整自己的角色，既要能侃侃而谈，也要能认真倾听。如果随便插话，打断别人的话题，或是只顾自己海阔天空地说话，不顾及对方的感受，不给对方说话的机会，这都会影响口语交际的质量。

4. 讲究礼貌

在对话型口语交际中，由于交际双方直接使用口语进行交际，因此更应当注重用语文明，讲究礼貌，相互尊重。语文课程标准十分重视交际礼貌，提出“与别人交谈，态度自然大方，有礼貌”“与人交流能尊重、理解对方”“在交际中注意语言美，抵制不文明的语言”等要求，进一步说明讲究礼貌、营造良好氛围的重要性。

5. 讲究策略

在对话型口语交际中，交际双方都处于特定的时间、地点和特定的人物关系中，怎样使交际更有效，需要讲究策略。根据交谈内容，何时陈述，何时说理，何时争辩等都需要认真考虑；哪些话应当展开发挥，哪些话应当转换话题，哪些话应当说得直截了当，哪些话应当说得委婉含蓄，哪些话应当说得幽默风趣，哪些话需要说得义正词严，都应当讲究策略，这样才能够取得良好的交际效果。例如，转换话题策略。交谈的过程中，当发现对方对某一个话题已没有谈兴时应当及时转换；当针对某一话题出现紧张气氛紧张局面时，应当及时转换；当自己对某个话题失去兴趣时，也应当适时转换。

（三）表演型的口语交际教学

表演型口语交际教学的主要内容包括表演童话剧、表演课本剧、当众演讲、主持节目等。表演型口语交际是一种兼具独白型和对话型特点的、以语文综合实践活动为主要特征的口语交际类型。表演型口语交际有别于真实的日常口语交际，它除了承担“口语交际”的任务，还有提高学生综合素质的要求。例如，表演课本剧。首先，需要将课本内容简单地改编为可以表演的剧本形式，这对学生的写作能力有一定要求；其次，需要进行简单的环境布置，这对学生的审美能力提出了一定的要求；最后，在表演的过程中，要运用独白叙事，或者对话交流等，整个交际过程内容丰富、形式多样，体现了口语交际综合性的特点。

表演型口语交际教学的训练策略具体如下。

1. 注重交际前的准备

表演型交语交际是一种综合性的交际类型，对学生的口语交际能力、写作能力、表演能力等都提出了一定的要求。因此，需要给学生一定的准备时间，这样他们才能将几种能力有机地结合起来，表现出自己的综合素质。进行表演型口语交际教学，教师应当提前布置交际任务，提出交际要求，让学生通过不同渠道收集交际所需的资料，组织交际内容，并进行排演。只有在课前做好充分的准备，学生才能充满自信地进行表演。

2. 注重学生综合表现

表演型口语交际具有综合性的特点，因此教学目标不能只锁定在“口语交际”上，要从培养学生语文综合素养的角度出发，制定多元的教学目标。以演讲为例，它是指在特定的时空环境中，以有声语言和相应的体态语言为手段，公开向听众传递信息，表述见解，阐明事理，抒发感情，以期达到感召听众的目的，它是一种直接的带有艺术性的言语实践活动，演讲不是一般的独白，它具有感召性和艺术性特点。因此，不仅要求演讲者在演讲前，用心撰写讲稿，演讲时做到言语规范、表达流畅。而且，为了获取现场感，还需要遵循一定的表演要求，要精心设计富有感染力的肢体语言，甚至要借助于戏剧、音乐、绘画、相声、小说、诗歌等多种文学艺术手段为其服务，这显然已经不只局限于“口语交际”的范畴了。在课堂教学时，教师既要重视对学生口语交际能力的指导和评价，也要对学生在组织材料、选用道具、临场表演等方面所表现出来的素质进行必要的点拨和评价。

3. 注重个性化的交际

表演型口语交际留给学生的空间更为开阔，学生交际的方式更为多样。教学时，教师不能只设计简单划一的口语交际目标，更不能用同样的标准去衡量富有差异、充满个性的学生。表演型口语交际教学应当成为一个更自由、更开放、更具个性化的舞台，让学生在演一演、做一做、听一听、品一品、看一看等生动有趣的活动中展现个性化口语交际的过程。

二、小学语文口语交际教学的策略

教学策略是在教学过程中，为完成特定的目标，依据教学的主客观条件，特别是学生的实际，对所选用的教学顺序、教学活动程序、教学组织形式、教学方法和教学媒体等的总体考虑。口语交际教学中选择有效的教学策略，能提高教学的有效性，促进学生口语交际能力的提高。小学语文口语交际教学策略主要包括以下方面：

（一）情境创设教学的策略

建构主义理论认为，学习者要想完成对所学知识的意义建构，即达到对该知识所反映事物的性质、规律以及与其他事物之间联系的深刻理解，最好的办法是让学习者到现实世界的真实环境中去感受、去体验。传统的教育常常在人工环境而非自然情景中教学生那些从实际中抽象出来的一般性的知识和技能，而这些东西往往会被遗忘或只能保留在学习者头脑中，一旦走出课堂到实际需要时便很难回忆起来。知识总是要适应它所应用的环境、目的和任务的，因此为了使学生更好地学习、保持和使用其所学的知识，就必须让他们在自然环境中学习或在情境中进行活动性学习，促进知与行的结合。这一理论对口语交际教学有一定的借鉴意义。口语交际具有很强的实践性，它需要在一定的情境中，通过实践运用来形成口语交际的能力。没有具体的情境，学生就不可能承担有实际意义的交际任务，也不可能有双向互动的实践过程。情境创设的恰当与否，将直接影响学生口语交际能力的形成。因此，小学语文口语交际教学活动主要应在具体的交际情境中进行。

1. **根据不同类型创设情境**

（1）模拟真实情境。创设恰当的口语交际情境，能激发学生的兴趣，引发交际的欲望。因此，教师要借助图画、音乐、场景、录像等手段在课堂上营造一种平等和谐、自由合作的氛围，把学生带入真实的情境，帮助学生进入角色。

（2）提供典型案例。案例本身就是一个交际的情境，提供典型案例让学生去交流、讨论、发现，不仅可以对案例形成个人独特的见解，而且在这一过程中培养学生的口语交际能力，形成敢于大胆发表自己的观点，尊重、理解他人的良好态度，以及讲文明、懂礼貌的良好修养。

（3）创设问题情境。所谓创设问题情境，就是充分利用学生的好奇，于新旧知识的衔接处，设置一种有新意、有趣味的“疑”境，造成一种教学内容和学生心理的“不协调”，从而激发学生学习动机。问题既是学习者最初的动机，也是整个学习过程的牵引力。问题情境是促进学习者进行自主探索和主动学习的条件。

2. **运用不同方式创设情境**

（1）用生动的语言描绘情境。教师用富有感染力的语言为学生创设生动的情境，能使他们积极主动地融入角色，找到情感共鸣点，产生情感回应，在言之有物、言之有序的基础上做到言之有情。

（2）用实物图片创设情境。小学生智能发展处于初级阶段，他们需要借助具体、直观的事物来帮助理解。直观形象的实物、图片展示，能吸引学生的注意力，便于他们仔细观察，从而使得学生的观察能力和思维能力得到培养，使口语交际的条理性和准确性得以提高。

（3）运用多媒体丰富情境。多媒体集音画于一体，通过视频和音频创造生动丰富的形象，对学生的视觉、听觉产生冲击，让他们产生身临其境的感觉，不仅能激发学生口语交际的兴趣，对他们理解、分析、判断信息以及合理地选择和利用信息也有帮助。

（4）运用角色表演走进情境。喜好表现是儿童的天性，在真实的表演中，学生的情感能自然流露，交际的欲望十分高涨。因此，教师应当选择贴近学生生活的口语交际内容，采取他们熟悉、喜爱的方式，让学生边表演边进行口语交际。例如，可以在做游戏的过程中进行口语交际；可以将教学内容演变为具体的生活内容，让学生进行表演；可以根据课文内容改编成情景剧；可以将静态的口语交际内容改变为以交际为目的的动态的表演内容。只要符合学生年龄特征，能激发学生说的欲望就行。

（5）组织有趣的活动活化情境。有趣的活动能使交际的情境活泼、生动，更容易激发学生的积极性和创造性。在活动中，学生动手、动脑、动口，调动多种感官参与口语交际，使口语交际自然、深刻。由于大多数活动需要合作，这不仅培养了学生的交际能力，还能形成人际合作意识，对学生综合素养的形成大有裨益。例如，做一做拼图，玩一玩有趣的游戏，让学生经过切身体验后，再进行口语交际。

（二）兴趣激发教学的策略

兴趣是个体力求认识某种事物或从事某项活动的心理倾向，它表现为个体对某种事物或从事某项活动的选择和积极的情绪反应。兴趣也是认识和从事活动的巨大动力，是推动人们去寻求知识和从事活动的心理因素。小学语文课程需要根据学生身心发展和语文学习的特点，关注学生的个体差异和不同的学习需求，爱护学生的好奇心、求知欲，充分激发学生的主动意识和进取精神，应该在有利于学生感兴趣的自主活动中全面提高语文素养。因此，口语交际教学中，应当重视学生交际兴趣的激发，鼓励他们主动、积极地进行人际交流。

1. 口语交际话题有趣，要求适当

口语交际的话题应当符合学生的年龄特点，激发其兴趣。例如，再现学生熟悉的生活、学习场景；提供社会时事、热点新闻；选择学生感兴趣的影视作品；提取学生中有分歧的观点；提供以应用能力为主的活动情境等。口语交际的要求应当符合学生的认知水平，教学要求不能只满足于甚至低于学生发展的现有水平，这样难以激发学生的参与兴趣。当然，口语交际的教学要求也不能过于远离学生的发展水平，这样学生会因为要求过高而产生畏难情绪。

2. 口语交际内容丰富，形式多样

小学生兴趣的稳定性和持久性相对比较差，因此教师应当通过丰富的内容、多样的形式来激发学生口语交际的兴趣。活动的设计要贴近生活，富有儿童气息，采用的形式要为学生所喜闻乐见。例如，观看录像、角色模拟、悬念设计、猜测假想、小品表演、故事续编、讲述见闻、作品展览、评比竞赛、实践运用，让学生在“玩一玩，说一说”“画一画，说一说”“做一做，说一说”“演一演，说一说”中，形成浓厚的交际兴趣。

3. 口语交际氛围和谐，鼓励成功

教学氛围的营造包括物态和心态两大部分。物态氛围主要指教室环境和儿童的课外生活。口语交际兴趣的激发，需要合适的物态氛围。口语交际多在教室中进行，因此教师就要根据特定的交际话题来调整教室氛围。当然，口语交际不必只局限在教室这一小范围中，走出教室，走入社会，到田野、果园，到农场、企业，到社区、街道……那里或许更能激发起学生交际的欲望，山川河流、名胜古迹都能够成为口语交际理想的物态环境。心

态氛围是一种社会情感气氛，它影响着群体的集体精神、群体的价值以及每一个学生的内心世界。课堂中教师真挚的情感、浓浓的爱心、亲切的话语、和蔼的微笑会产生极大的感染力，能营造和谐、愉悦的氛围，对课堂教学效果产生“助推”作用。

（三）态度习惯培养的策略

语文课程标准从知识能力、过程和方法、情感态度和价值观三个维度全面地表述了口语交际的教学目标，特别是对学生交际时的态度习惯和价值取向提出了要求。尽管这不是口语交际的核心要素，但是却影响着口语交际的效果，也影响着学生良好语文素养的形成。

第一，良好的倾听习惯：首先，全神贯注地倾听。全神贯注地倾听就是在听人讲话时注意力高度集中。其次，适度参与互动。插话时一定要注意适时、适度、有礼，这样才能使交际在和谐愉快的氛围中进行。最后，尊重理解对方。

第二，文明的言语要求：首先，使用普通话；其次，使用礼貌用语。使用礼貌用语是社会文明的重要特征，也是个人素养、品德和语言修养的直接表现。适时、适当地使用礼貌用语能给人亲切、和蔼、大方、有教养的感觉，能获得别人的理解、尊重和好感，能营造出一种健康、积极、和谐的交际氛围。

第三，得体的体态语。体态语是通过表达者的表情、目光、手势、体姿等方式配合有声语言传递信息、交流思想的辅助工具，是一种述诸听众视觉的伴随语言。运用体态语要注意：首先，面部表情。面部表情丰富多样，喜怒哀乐，尽显无遗，因此它也是口语交际时情感表达的晴雨表。口语交际时，神情要自信、大方、自然，恰到好处地运用面部表情能使口语交际更生动，表达更充分。其次，手势。手势语言十分丰富，能表示各种意义，在口语表达的过程中，可以弥补有声语言的不足，起辅助或强化作用。最后，身姿语。口语交际的身姿语包括坐的姿势、站的姿势等。在口语交际中，得体的身姿语不仅能给人以赏心悦目的感觉，而且能增加口语交际的亲和力，使交际变得融洽、自如。

第三章　小学语文教学技能与策略

第一节　小学语文教学的基本技能解读

一、小学语文教学中的教案编写技能

教案又称教学计划，是教师为有效进行教学实践活动而事先对教学进行设计，是教师以现代教学理论为基础，依据课标要求、教学对象的特点、不同教学内容的需要和教师个人的教学理念、经验、风格，在运用系统的观点与方法分析和处理教材内容基础上，针对所教内容的教学目标、教学重难点、教学流程、教学方法等设计的具体实施方案。编写教案是对课堂教学的总的导向、规划和组织，是课堂教学规划的蓝本。此外，还有三个附带性作用：一是备忘录作用，用文字载体保存的信息可供随时提取或查阅；二是资料库作用，从长远角度看，教案中保存着教师从各种渠道获得的珍贵材料以及自身的经验与心得，积累多了自然形成一座资料宝库；三是教改课题源泉作用，教案中的丰富案例、独特的教学设想、别致的教学环节、精心的教学问题、教学后的得失体会等往往成为教师选择教改研究课题的源泉。

（一）教案编写的类型

小学语文教案依据划分标准、研究角度的不同可划分为不同的种类。从课型的角度来划分，还可以简单地将教案分为新授课教案、复习课教案、习题课教案、考查课教案，这也是最为常见的最容易理解的一种划分方式。从教学实践来看，小学语文教案通常可分为以下类型。

第一，讲义式教案。这种教案按照教学时间的规定、教学内容的进度和计划安排的顺序把全部教学活动都编写出来，近似教学用的讲义。

第二，提纲式教案。和上述讲义式教案的不同在于它比较简略。一般有经验的教师在备课过程中，只把重点和难点摘要写在上面。内容集中、简练，篇幅不长，这就是提纲式的教案。选取讲义式的详案还是提纲式的简案，取决于教师的业务能力和教学经验。一般

而言，青年教师开始上课，最好编写尽可能详细的教案，只有积累了丰富的教学经验，熟悉了教材内容和提高了教学能力之后，再编写提纲式的教案。

第三，图表式教案。把要讲的课时内容整理出一张图表，这就是图表式的教案。它的优点是简明扼要，内在关系清楚，使人易看好记，教师也好运用。问题在于它容易使学生死记硬背，不去追求理解，把生动的事物之间的关系看得过死，在有些问题上也容易简单化。在现实教师的教案中，多把图表作为教案的一个组成部分，或作为问题的小结，而很少把图表作为一个完整的教案去使用。只有一个图表，不仅将讲授内容全部包括进去有困难，而且进度安排和教学环节、教学方法也很难得到体现，这给讲课留下了不少困难。

（二）教案编写的构成

小学语文教案编写一般而言没有固定的模式，可以根据教学需要进行选择，但以下要素是必要的：课程名称、适用年级、任课教师、具体内容……具体内容主要包括课题、教学目标、教学重难点、教学方法、教学过程、板书设计等项目。

第一，课题。课题指授课内容的标题，主要是语文课文的题目。

第二，教学目标。语文教学目标要难易适度，课时教学目标应当堂达成，不易定得过高，同时要注意重点教学目标的设计。教学历来提倡一课一得，目标教学也要体现这一精神。教学目标设置的具体要求：必须明确陈述的主体对象是学生；教学目标的设置必须是明确、集中、恰当、具体的；教学目标的设置必须是可观察、可检测的。

第三，教学重难点。教学重点一般指为达到教学目的，在教学中重点教授的关键性内容，侧重于教师的角度。语文教学难点既包含教师因素也包含学生因素，一般指教师难以讲授的知识和学生难以达成的行为。教学重难点的设置要考虑：重点如何突出，难点如何突破，深度如何把握。

第四，教学方法。在语文教学中，教师不应只是传授知识和技能，更重要的是教会学生主动学习和掌握知识的能力和方法。具体教学方法的设定要遵循：一要优化教法，因材施教，因学而教，顺学而导；二要选择学法，提倡自主、合作、探究式的学法，而学法的指导也要体现自主性、针对性、操作性、差异性和巩固性。

第五，教学过程。教学过程是为达成教学任务而制定的具体实施步骤和措施，是教案的主体部分，在语文教案书写过程中，教学过程是关键。

第六，板书设计。小学语文教案包括随着教案内容展开的随机板书和每一课时的整体板书。

（三）教案编写的过程

小学语文教案编写是一个复杂的过程，从起始分析教材、分析学生到设计教学方法等，是由众多的环节组成的一系列细致复杂的工作。

第一，分析教材。了解教材的组成、内部联系、外部联系，形成适宜的教学内容；挖掘教材中可培养学生能力、进行思想品德教育的因素并确定教材的重点与难点，为设计教学方法、编写教案提供依据。分析教材是编写语文教案的基础工作。

第二，分析学生。分析学生主要是分析学生学习教材的知识准备情况，一般指智力、认知能力水平以及学习掌握各种类型知识的一般心理过程。此外，还应了解特殊学生（平时学习水平很高或学习十分吃力的学生）的状况，以便从学生实际出发，研究有效的教学方法，编写教案。分析学生是编写教案的又一项基础工作。

第三，设计教学方法。语文教师要在分析教材和学生情况的基础上，精心设计教学方法。设计教学方法时，既要考虑全课以哪种教学方法为主，又要考虑各部分教学内容适宜采用的方法。针对一段教材内容，既要考虑师生活动的方式，又要考虑学生的学习方法，同时还要考虑选择怎样的教学手段和教具，以便协调各教学要素之间的关系，顺利而高效地进行课堂教学活动。

小学语文教师将上述各项工作的成果，按照教案的基本内容和形式，用书面的方式总结概括表述出来，就形成了课堂的教学计划。

二、小学语文教学中的课堂提问技能

语文课堂的提问艺术，是一项随语文教学活动发生的教学技能艺术，这一领域的研究对语文教学有很强的现实意义。教师提问能起到设疑、解疑和反馈的作用，能指明方向、承上启下、启发思维和调节气氛。因此在教学过程中，提问成为联系师生思维活动的纽带，开启学生智慧之门的钥匙。课堂提问具有很强的技巧性。在全面推进素质教育的今天，探究与素质教育相适应的课堂提问艺术，促使全体学生全面、主动地发展，显得更加重要。语文课堂提问是课堂教学中引导学生学习知识，发展思维、技能、情感等的重要手段。所以，每一位教师都应当精心设计每一个提问，做到恰如其分，提高课堂教学的质量。但是，提问不是课堂教学唯一的手段。现代教育思想强调学生的主动发展，所以提问的前提应当是学生充满兴趣、信心的自主学习，质疑解疑。提问最关键的是“问什么”和“怎么问”，讲究提问的艺术，自然就应该在“问点”和“问法”两个方面下功夫。

（一）课堂提问的问点选择

所谓问点，就是问题的切入点。针对任意一篇课文，都可以提出若干问题，但并不是所有问题都有价值，因此在教学设计过程中需要精心选择问点。综合以往经验，可将问点选择经验归纳为“五点十处”。“五点”即重点、难点、疑点、兴趣点、思维点。“十处”

即关键处、空白处、疑难处、模糊处、含蓄处、矛盾处、变化处、反复处、对比处、延伸处。这里主要阐述关键处、空白处和反复处。

第一，关键处。是指对学习的重点、难点等极其重要的地方，在关键处设问能揭示重点、突破难点，直抵课文的核心。小学语文教材中的关键处是指不易理解或对理解课文内容、体会思想感情有着重要作用的字、词、句、段，尤指那些关键词、核心句。例如“将相和”一课中通过一个“撞”字把蔺相如的勇敢表现出来，通过对真撞和假撞的讨论，将蔺相如的智慧凸显出来。

第二，空白处。文本存在的空白可以丰富和拓展读者的想象，也可以作为课堂提问的突破口，现代教学理论也指出，知识的学习是由学习者自我建构的过程。在这里，空白处是指语文教材中对某些内容故意不写，或写得很简略，留给读者无限想象空间和思考余地的地方。空白处巧妙设问，可以适时激发学生的想象力和思考力，通过填补空白让学生建构自己的意义。

第三，反复处。反复处是指课文中反复出现的地方。反复作为一种修辞手法，经常使用在诗歌和童话中，通过使用反复的手法可以积蓄人物情感、深入刻画形象、点明文章主旨。

总而言之，问点的设计要注意：一是问点要着眼于突出教学重点。在教学重点处设疑能紧扣教学目标，使课堂不至于随意发散。二是问点要着眼于突破教学难点。教学难点是学生掌握知识、理解内容的障碍所在，抓住难点设问，能化难为易。三是问点要有思维价值，能激发学生兴趣。如果所设问题过于简单，仅停留在简单的是非选择上，学生的思维能力很难提高。此外，课堂常常在工具性和人文性两个端点游走，除了兼顾两者，还需要切切实实考虑学生兴趣，将学生放在心中。

（二）课堂提问的问题表述

恰当有效的提问表述是指教师提问的语言准确、清晰、明了，使学生能正确地理解教师提问的意图。有效问题具有良好的结构，一般由三个要素构成：①引导性词干，如：……是什么，为什么……，怎么样……；②良好的认知操作，如回忆、描述、叙述、概述、比较、对照、分析、综合、总结、评价、推测、想象；③问题提出的内外情境，问题在提出或表述时应从课文的内在情境或外在方法层面给出提示，使学生获得一些解决问题的线索。三个要素放在一起，教师就可以构建出有效的初始问题。

三、小学语文教学中的课堂板书技能

板书是教师和学生根据语文教学的需要，在黑板上用文字、图形、线条、符号等再现和突出教学主要内容的活动。板书书写是小学语文课堂教学的重要组成部分，是一种重要的教学手段。板书书写要力求简明实用、形象直观、构思精巧，以增强课堂教学的吸引力、启发性和感染力。板书的格式多种多样，应用最多的是提要式、词语式、图示式、表格式等。不论采取哪一种形式都必须做到：一是内容要确切，外形要规范。板书的内容，要重点突出，详略有别，确切，层次分明。板书的外形，要讲究规范，大小适当，工整醒目，严防模糊潦草，杂乱无章。二是要合理布局，新颖别致。板书的布局，要讲究格式，选择位置，合理而清楚地分布在黑板上，使学生易于观察和理解。设计板书，不要总是一个模式，要注意新颖别致，用以集中学生的注意，引起学生的兴趣，激发学习的积极性，获得最佳教学效果。小学语文课堂上板书设计需要明确目标；抓住重点，提炼词句。首先，明确目标，即要清楚板书围绕完成何种教学任务而设计。其次，抓住重点，提炼词句，就是先要从语文教材内容的特点出发，明确教学内容的重点是什么，学生学习这些课文的不同点在哪儿。

小学语文教材内容丰富多样，题材、体裁不同，结构不同，板书设计就会存在差异。从题材的角度看，课文或重在展示故事情节的意思和意义，或重在突出人物形象的精神品质，或重在包孕作者的情感，或重在传达一种理趣。内容的不同又决定着表达形式的差异，板书设计时应厘清教材内容的重点，作为板书的主要内容，切忌面面俱到。从体裁的角度看，叙事类课文的板书要注意体现记叙要素、叙述线索和情感脉络；说明性课文的板书要注意体现一个“明”字：说明的是怎样的事物，说明这个事物的特征，说明这个事物的目的，其中事物的特征是重点，板书要注意突出这个事物的特征与其他事物的区别是什么，作者是怎样说明这个事物的特征的；说理性课文注意体现观点、论据和论证的关系。从结构的角度看，课文的结构如并列式、递进式、总分、分总或总分总式常常就是板书的主体结构。

小学语文教材内容的特点不一样，学生学习起来有所不同，板书设计的侧重点就有差异。例如一读就懂的课文，基本能读懂的课文，不易读懂的课文，板书设计有何不同；学生缺乏相关知识的课文，学生缺乏感性知识的课文，与学生的思想情感相距甚远的课文，各种板书的重点内容；适合朗读或不适合朗读的课文，适合学习写作方法的课文或片段，适合学习阅读方法的课文或片段，板书设计的重点又在哪里。这些都要精心构思。

语文课堂教学中，提炼词句、设计板书的常见方法包括：第一，从课文内容入手，提炼词句，拎出要点。这是设计板书最为常见的做法，它可以揭示内容的内在联系，利于学生理解和记忆。方法的要义还是要抓住不同内容的特征和关键点。第二，从课文结构入手，提炼词句，厘清文脉。文章的层次结构是作者写作思路的表现形式，设计板书时可按照作者叙述、议论或说明的顺序厘清层次，提炼关键词句。如小学语文中的说明性课文——写景状物类课文、典型说明文、说理性课文等，就要注意抓住这类课文的结构进行设计。第三，善于抓住重点段落，提炼词句，以点带面。文章的核心在于重点段，重点段里的重点词语起着突出文义、揭示中心的作用。因此，有些板书设计可以直接从重点段入手，抓关键词语，从而把握全篇。第四，善于抓住“题眼”“文眼”，提炼词句，统领全篇。有些课文中某一个或某几个关键词足以统领全文，沟通文脉，我们常称之为“文眼”。

第二节　小学语文教学的指向表达策略

一、小学语文教学中指向表达策略的基本特征

指向表达作为课改背景下小学语文教学鲜明的教学主张，在具体的教学过程中有着各种不同形式的表现，有的直接、明显，有的间接、含蓄。但同时，这些教学过程又有着相对稳定的外在表现。这些相对稳定的外在表现就是指向表达的基本要求、本质规律和基本特征。指向表达策略的基本特征，是建立在小学语文教学基本规律的基础之上，是对指向表达教学过程共性特征进行的提炼和概括。通过研究指向表达的基本特征，我们可以透彻了解指向表达的基本内涵，找到判断指向表达的基本标准，为今后更好地开展指向表达专题教学研究指明方向。实际上，指向表达的语文教学离不开学生对文本的感悟，对语言的积累，对方法的领会和及时的迁移运用。这四个方面环环相扣，层层递进，既是学生表达能力形成的四个阶段，也是评价指向表达语文教学的四个标准，共同组成了指向表达的四维架构，成为指向表达的四个基本特征。

（一）强化感悟的特征

感悟是学好语文的一条重要途径，语文课程是工具性和人文性相统一的学科，语文教学尤其是阅读教学，更离不开感悟的情感体验。入选语文教材的课文语言准确生动，内涵丰富深刻，特别适合学生阅读、感悟，尤其是自读感悟。阅读中的“感悟”是学生凭借对语言及其语境的直感，获得某种印象或意义的心理过程。感悟是在理解基础上的有所领悟，实际上是一种深化的情感体验，是文本与教师、学生的生活体验交汇的灵感。为了落实课程标准，提升学生的自学能力、语文素养，在平时的教学过程中，我们经常见到教师引导学生自读感悟的情景。学生通过感悟文本，与文本、人物深入对话，了解课文内容，把握人物形象，体会深层情感，获得思想启迪。学生在感悟的过程中，悟出了内容和形式，悟出了情感和方法。感悟对全面提高学生的整体语文素养，提高学生的表达能力有着

非常重要的作用。可见，感悟的过程也是学习表达的过程，感悟是表达能力形成的前提和基础，强化感悟是指向表达的重要训练方式。

强化感悟就是教师在教学过程中，以感悟为主要教学手段、方法，引导学生紧扣文本了解内容，体会情感，学习方法。强化感悟，就要把学习的权利交给学生，让学生在老师的指导下借助相关课程资源，自己读书，自己领会，自己运用。这实际上是对烦琐分析、老师讲学生听、一问到底的教学状态的优化，尊重学生的主体地位，尊重学习语文的规律。首先，要悟其义，课文内容要读懂，至少要粗知大意。还要悟其情，悟其法，即体会文章表达的思想感情，体会文章的表达方法，悟作者遣词造句的妙处。这是强化感悟的基本要求。

当然，在强化感悟的过程中容易出现碎片化的倾向，需要引起我们的重视。教师应着眼表达内容的整体，引导学生从整体的角度关照表达的过程，做到条理清晰，内容完整，重点突出。我们学习的课文都是以整体的形式出现的。不少教材在编排时都采用主题单元的形式，这就要求我们在学习时必须从整体上进行把握。而且，学生在进行表达时，一般也是以整体的形式进行表达。对表达的内容、语言、方法、过程进行整体思考以后，才进行完整、流畅的表达。可见，整体性是强化感悟、指向表达的内在要求。整体性表达符合学生的认知规律。整体性有利于学生从总体上把握内容。总而言之，整体性能帮助学生从整体角度统筹考虑，全面感悟课文内容，整体考虑表达重点，客观上起到兼顾整体、突出重点的效果。只有基于整体性的强化感悟，才能真正读懂文本，悟透情感，习得方法，为指向表达奠定坚实的基础。

（二）强化积累的特征

学生表达能力的提高离不开丰富扎实的语言积累，积累已经成为语文教学的一项重要内容。学习语文的过程本身就是一个不断积累的过程。通过长时间的积累，可以逐步提升学生的语文素养。语言靠积累，能力靠实践。小学生精力充沛，记忆力强。小学阶段是学习语言的最佳时期，也是记忆的最佳时期。作为语文教师，一定要抓住学生记忆的黄金时期，创造各种情境帮助学生丰富语言的积累，从课文中的好词好句，到课外的名言佳句，有计划、有步骤地帮助学生积累，从而为学生的表达打好语言的基础，让语文课真正为指向表达服务。强化积累的好处显而易见，一个人的语文素养要靠长期、大量的积累才能形成。学生在强化积累的过程中储存了海量的语言素材。丰富的语言素材是学生形成表达能力、提升语文素养的基础。学生只有积累了大量的语言素材，才有可能进行流利、生动、准确的语言表达。可见，强化积累是指向表达的基础，是指向表达语文课的重要内容，也是指向表达的基本特征之一。

（三）强化方法的特征

指向表达的语文教学，核心在表达，关键在方法。学生表达能力提升的快慢，很大程度上取决于表达方法指导的有效性。方法有效了，事半功倍；否则，适得其反。在教学过程中，我们一定要高度重视学习方法的作用，适时、适度教给学生表达的方法，让学生用学到的方法，建构表达的范式，进而规范、生动地进行表达。课上，教师要有意识地进行方法的渗透，真正做到课内得法、课外运用，巧妙实现方法的迁移、内化。作为教师，要结合教学内容和学生实际，从表达的顺序、主次，到表达语言的组织，乃至语气、语调、停顿、重音，都要引导学生逐步学会、掌握。只有正确掌握了表达的基本方法，学生才能学会流畅、生动地表达，真正提高自身的表达能力。由此可见，强化方法指导是指向表达的内在要求和主要特征。

指向表达的语文教学，在强化方法的过程中，常常由于重视条理、主次、语法、修辞等表达方法而忽视表达规范性的现象，规范性就是按照既定标准、规范的要求进行操作，使某一行为或活动达到或超越规定的标准。指向表达的语文教学，更要注意培养学生规范表达的意识。语言是信息的第一载体，要对服务对象准确地传递信息，就要注意语言的规范性，便于表达和交流。这是一个保底的要求。

表达的规范性，首先，要做到语音清晰。表达的目的是让对方听清楚，听明白，以起到交流信息、沟通感情的作用。汉字集音、形、义于一体。语音不准就会差之千里，不能畅达规范地与对方进行信息交流，不能正确地传达课文的内容、思想和情感。因此，在表达的过程中，必须用规范普通话与对方交流，通过轻重缓急来准确表达，以减少交谈中的障碍。其次，要做到语义准确。要尽量使用通俗易懂的口头语言把意思表达清楚，以免影响交谈或产生误解。最后，要做到语法合乎逻辑。语言要符合语法要求，具有系统性和逻辑性。

（四）强化运用的特征

所谓运用，就是根据事物的特性加以利用。课堂教学中的“运用”，是指在教学过程中，教师根据教学内容的特点，引导学生进行方法的迁移，学会在具体情境中进行举一反三的应用。在教学过程中，任何运用都是在学习者已经具有的知识经验和认知结构、已获得的动作技能、学习的情感态度等基础上进行的。学生在迁移运用的过程中，实现由得言到得法、由教过到学过的转变，从而达到方法的内化、能力的提升。教师要增强迁移运用的意识，善于根据课文内容和学生实际，准确选择运用的点，巧妙把握运用的时机，帮助学生搭建迁移的桥梁。学生在尝试运用的过程中，语言积累得到强化，学习方法得到内化，语用能力得到提升，语文核心素养得到明显提高。由此可见，强化运用实际上是指向表达的重点和关键。

提高强化运用的实效，一定要立足于学生已有的知识基础和生活经验，贴近学生的学习需求，激发学生运用的强烈欲望，鼓励学生大胆表达、个性化表达，经历表达的过程，体验表达的快乐。教师一定要吃透学情，充分了解学生，找准迁移运用的起点。教师一定要充分调动学生表达的积极性，激发学生表达的强烈欲望，创设表达的情境，鼓励学生个性化表达，发表自己的见解，把属于学生的权利还给学生，让学生真正回到课堂的中央。

二、小学语文教学中指向表达策略的具体路径

"指向表达作为语用背景下语文学习的有效实施策略，对提高学生的表达能力、提升语文综合素养的作用是显而易见的"①。小学语文教学是否指向了言语表达，要从两个层面审视：一是教学内容是否具有表达元素：教学内容要落脚在对文本文字的音形义理解，对文本用词造句的关注，对语言的特点及规律的探索，对文本篇章结构的借鉴。二是教学过程是否着眼表达能力。一般而言，语文教学要着眼"三个一"，即一笔好字、一副好口才、一手好文章。这"三个一"是最重要的表达基本功。课堂上，不管如何组织教学活动，都要紧扣"三个一"展开。要挤出充裕时间，指导学生写字；以熟读为基础，用多种形式理解、积累、运用语言，夯实言语表达基础；用背诵、复述、概括、改变表达等多种方式，训练言语表达技能。

指向表达的语文课，不仅要求教学的各个环节要为指向表达服务，还要求我们围绕提高学生的表达能力去主动整合资源，创设练习说话、练笔的机会，切实提高学生的表达能力。深入研究指向表达，要求我们根据指向表达的基本要求和内在规律，在语文教学过程中探寻指向表达的基本路径，提高常态语文教学指向表达语用训练的学习效率。也就是说，指向表达应该贯穿于语文教学的全过程。探寻指向表达的基本路径，需要我们全面审视语文教学的过程，从课前到课中，从磨课到上课，从内容的选择到方法的运用，力求找到指向表达的内在规律和操作路径，切实提高指向表达的实施水平。下面从选择内容、打磨过程、科学实施三方面探讨指向表达的基本路径。

（一）指向表达的前提：选择内容

在语文教学备课的过程中，如何选择教学内容逐步成为备课的重点。在反复打磨的过程中，我们常常从研读课程标准、领会课标内涵开始，从文本表达的重点、学生学习的难

①刘吉才．指向表达的小学语文教学［M］．北京：中国书店，2019：37.

点、语用训练的着力点、链接生活的训练点入手，力求找准指向表达的训练点，提高训练内容的针对性和实效性。下面以《一路花香》课文教学为例，探讨指向表达背景下教学内容的选择。

1. 指向表达的训练点

（1）关注文本表达的重点。文本是学习的主要载体，它是编者根据课程标准编写的学习基本用书，具有权威性。教材的基础地位不容动摇。我们在进行语文学习时必须尊重教材，以教材为本，扎实地进行语言文字的训练，用好教材资源，提升学生的语文素养。我们在选择教学内容时，一定要基于文本，从文本表达的重点出发确定教学内容。在进行《一路花香》教学时，从文本表达的重点出发确定教学内容需要注意以下方面。

第一，从题目入手。从题目入手，就能很快抓住主要内容。要从题目入手，引导学生去文中寻找直接描写“一路花香”的三句话，体会这三句话背后的深刻内涵，为后面的深入学习找到一根循序渐进的线索。

第二，从内容入手。在与课文对话时，我们既要学会概括能力，要将一篇课文读成一句话，也要学会理解感悟，将一句话读成一段话、一幅画。课文写了挑水工和破水罐之间的故事，以破水罐心情的变化为线索确定教学内容，可以将课文内容充分整合，突出主要内容，也就是将散落在文中的内容串成串。

第三，从体裁入手。每一种体裁都有特定的表达特点。这篇课文是一则寓言。寓言一般都借用一个假托的故事而言明一个深刻的道理，寓言中所饱含的深刻道理就是寓意。学习寓言，不仅仅要了解故事的主要内容，更重要的是要领悟寓言所包含的寓意，也就是领悟寓言寄托或隐含的某种意义，从而体会作者写这则寓言的目的，受到启发和教育。

（2）关注学生学习的难点。在确定教学内容时，要从学生的实际出发，充分了解学生的学习需求，合理确定学习的难点，提高学习的效率。在确定语文学习的起点时，很多教师还是以自己为中心，学生“被中心化”。用教师的童年来想象现在学生的童年，用成人的眼光去设想学生的生活，实质上仍然是以教定学。这种以教定学的情况在平时的教学过程中有很多。因此，在选择语文教学内容时，一定要进行学前调研，真正掌握学生学习的难点。要摸清楚学生的学习需求，从学生的角度真正找准学习的起点。

例如，在检查预习的时候，发现学生对以破水罐心情的变化很容易找到，但是对心情变化的原因却很难理解。于是，将理解破水罐心情变化的原因作为重点、难点，引导学生反复体会。先是找出写心情变化原因的句子自读感悟，在书旁写批注，然后通过好水罐和破水罐的对比体会破水罐因比不上好水罐而惭愧，再出示破水罐和挑水工的对话，揣摩说话的语气，体会破水罐因对不起挑水工而惭愧，然后围绕“美好的景象”进行想象，体会破水罐的快乐，最后通过品读挑水工的话，逐步揭示寓意，体会破水罐的欣慰。

（3）关注语用训练的着力点。长期以来，我们在解读教材时，往往只重视课文内容，写了哪些人、哪些事，表达了怎样的主题，对课文怎么写的，也就是对语言的关注程度不够，尤其对揣摩表达常常轻描淡写，一笔带过，做淡化处理。结果学生知其然，不知其所以然，导致学生学习选择力的弱化。

例如，《一路花香》一文内容浅显，语言直白，学生很容易理解，要注意选择语用训练的着力点。在反复研读课文时，可以发现许多看似平常的语言背后，隐藏着极为宝贵的训练资源。如在体会“那只完好的水罐不禁为自己的成就感到骄傲”一句时，先引导学生体会从哪些词语可以看出好水罐的“骄傲”，再让学生比较“成就、成果、成绩”，然后将这三个词进行情境填空，从而充分体会好水罐的“骄傲”。在体会破水罐和挑水工对话时，先引导学生给对话补充提示语，再进行分角色朗读，揣摩人物当时的心情。在学习“这美好的景象使它感到一丝快乐”时，先引导学生边读边展开想象：“呈现在破水罐眼前的是一幅怎样美好的景象？”然后出示相关图片，启发学生：“你想起了哪些优美的词”，最后及时出示一些描写鲜花的词语帮助学生进行语言积累。在学习挑水工的最后一次对话时，先让学生思考：“课文写了破水罐心情的三次变化，有没有第四次心情的变化呢？”再引导学生从“早”“利用”体会挑水工善于将破水罐的缺点转化为优点，让破水罐发挥自己的作用，破水罐由此心情变得欣慰起来。

（4）关注链接生活的训练点。随着课改的深入推进，当下的语文课堂正在掀起一股“语用热”。作为“语用热”典型表现的读写结合，几乎成了语用的代名词。不少学校甚至规定，语文课必须安排读写结合训练。读写结合训练在语用训练中的作用是很大的。生活是作文的源头活水。我们在安排随文练笔时，一定要贴近学生生活。

例如，在《一路花香》教学时要贴近学生生活进行读写结合训练。经过反复推敲，我们可以发现破水罐由于没有看到自身存在的价值，尤其是已渗水的缺点也可以转化为浇灌出美丽鲜花的优点，而感到十分“惭愧”。在学生之间，也有许多学生，有的可能因为个子矮小而懊恼；有的可能因为力气太小而气馁；有的可能因为学习偏科而伤心……我们可以以此为切入点，让学生学习文中挑水工善于将别人缺点转化为优点的做法，也来劝劝这些同学。于是，在了解课文寓意以后，以“读了这个故事后，你想对他们说些什么呢”为题，引导学生把想对他们说的话写下来。由于以上现象在学生身边经常发生，学生一下子就找到表达的对象，愿意表达内心的想法。

2. 指向表达的基本点

学生是学习的主体，我们的一切教学活动都要围绕学生展开，这就要求我们在确定教学内容时，要从学生的实际出发，充分了解学生的学习需求，下面先来分析常见的教学现象。

（1）教师对教学内容选择完全放手。从表面上看，这种完全放手的教学过程观念前卫，教师把课堂还给学生，充分体现了“以人为本”的教学理念。教师能尊重学生教学内容选择的权利，允许学生根据自己的喜好选择自己喜欢的部分。“为了每一个学生的发展”是这次课改的基本价值取向。这就要求我们在平时的教学过程中，要引导学生主动学习，积极探究，努力体验，享受乐趣。尤其在阅读教学中，要想方设法鼓励学生自主选择、自读感悟，不能以他人的理解来代替自己的阅读实践。从这个角度而言，这种教学方式无可厚非。但是实际上，对于教学内容选择完全放手，却暴露出许多老师认识上普遍存在的一些误区，即认为突出学生主体地位，强调尊重学生自主学习，就是要服从学生，尊重学生的选择权，学生想学哪小节就学哪小节，想怎么汇报就怎么汇报，教师都不能干涉，如果不这样，就不是“以人为本”，就违背了课改精神。

虽然，尊重学生的选择权，尊重学生的学习方式可以更好地突出学生的主体地位，但是，看似是尊重部分学生的选择权，同时也意味着剥夺其他学生的选择权。而且，尊重学生的选择权还要和教师的正确引导相结合。有些教师刻板教条地强调学生的“自主学习”，形成教师主导作用的欠缺。上课随心所欲，以学生为主自学、读书，教师落得清闲。有些老师在教学中选择把课堂全部还给学生，在学生自学或小组讨论时，站在一旁不加以引导；在朗读训练时，一味地让学生读，随着学生走，不做必要的范读与指导；在讨论探究某些问题时，对学生发表的不同意见一概叫好；为了体现对学生创造思维的培养，任学生自由想象，不予正确引导……这些老师忘记了教师是学习活动的组织者、引导者和促进者，教师的主导作用被忽视了。

教师把课堂还给学生，这本身是无可厚非的，课堂本来就是学生的，学生才是课堂的真正主人。从本质上而言，把课堂还给学生，对教师的要求反而更高了。小学语文教学要充分发挥师生双方在教学中的主动性和创造性，语文教学中教师的主导作用是重要的。只有充分发挥好教师的主导作用，才能真正体现“学生是语文学习的主人”。

（2）放弃引导学生进行自主感悟，由教师直接代言。一些教师在引导学生品味词语时，通常通过漏读的方式引出关键词语。在体会词语时，学生体会不深刻，或者不是教师想要的答案，一些教师会很着急。为了提高课堂“效率”，就会放弃耐心的等待，直接代表学生说出答案。此时，教师关注的不是学生的学习过程，而是自己的教学流程，这是典型的教师中心论的表现。在学生品味词语遇到障碍时，教师要学会等待。

当课堂生成问题后，学生思考问题、展开思维需要一定的时间。学生的思维有快慢之分，思维慢的学生需要等待，思维快的学生同样需要等待，只是等待的程度不同而已。有时，学生的思维很浅显，需要引向深入。此时，正是发挥教师引领作用的时候。如果学生的理解没有到位，教师可以把学生的注意力引导到文本中来，给学生时间，让学生潜心体会文章。等学生充分体验了学习过程、思维充分展开之后，学生的认识会登上一个新的台阶。语文课堂上，不是看完成了多少教学任务，而是要充分关注学生的学习过程。一些教师习惯于完成显性的教学任务，而忽视了学生体验、感悟这样的隐性教学任务。正是这样的隐性教学任务，往往影响着人的一生。

在小学语文课堂上，一些学生问题回答不出来，可能不是不会，而是自信心不足，害怕犯错误。在这种情况下，教师更要学会等待。等待的实质是尊重。此时，我们面对的不仅仅是一个问题，而是一个需要发展的人，有着强烈表达欲望的学生。此时的等待，对教师而言，可能只有几秒钟，对学生而言，却是迈上了新台阶，可能是人生的一个转折点。教师学会尊重和信任学生，会给学生以无穷的力量。“别紧张，慢点说。”“相信自己，一定能行!”这些富有人性化的鼓励性的语言会让学生看到成功的希望，重塑信心。

（3）读写迁移远离实际。生活是作文的源头活水，语文习作教学应贴近学生的实际，让学生易于动笔，乐于表达。我们在安排随文练笔时，一定要贴近学生生活，在生活与练笔间建立起一座相互融通的桥梁，建立起一个同步律动、相似跳动的互换机制，打通练笔与生活的隔阂，让学生有“似曾相识”之感，找到表达的支点，真正做到让学生有话可练，有情可抒。然而，许多老师在设计读写结合训练时，一味兼顾课文内容，用自己的童年预设学生的童年，练笔内容远离学生生活，学生无话可写，无情可抒。学生没有类似的生活体验，只能根据课文描述，依样画葫芦，要么原样照抄，要么适当改写。教师需要从学生的生活入手寻找练笔内容，可以引导学生写一处场景，由于这些场景与学生生活紧密相连，学生有话可说，有情可抒，练起笔来也就轻车熟路、水到渠成了。学生是学习的主体，我们的一切教学活动都要围绕学生展开。在确定教学内容时，要真正从学生的实际出发，充分了解学生的学习需求，巧妙发挥教师的主导作用，从而真正做到学有目标、教有方向，实现从“教教材”到“用教材教”的真正转变。

（二）指向表达的基础：打磨过程

磨课就是某个教师在一定时期内，对某节课的教学反复地、深入地学习、研究与实践，使这个教师这节课的教学尽快地达到较高水平。通过磨课，可以更好地促进学生的发展，较快地提升教师的专业素养，生成教学智慧。指向表达的语文磨课需要注意以下方面：

1. 磨课需先磨“文题”

语文教师磨课总是先从研读课文开始，因为这是学生学习的载体，研读课文最先看到的是课文的题目。题目，是文章浓缩的精华，是作者反复斟酌才最终确定下来的。正因如此，课文的题目才能言简意赅，准确贴切。课文的题目包含着许多重要信息，对深入解读文本有极大帮助。许多老师在磨课时，往往直接跳过课题与课文对话，忽视对课文题目的推敲，浪费了宝贵的资源，有时甚至造成对课文的误读。因此，我们在磨课的时候，一定要从课文的题目入手，做到磨课先磨“文题”。

2. 磨课注意磨“习题”

课后习题实际上是教材文本的重要组成部分，每一道课后习题都是编者根据所学知识的重点和难点来精心设计的，是确立教学目标、教学重难点的依据，是课文学习向课外延伸的基点。

（1）研究课后习题，明晰学习目标。课后习题都是编者根据教学目标精心设计的，而且分条呈现，一目了然。我们通过仔细研读可以帮助我们很快地明晰学习目标，发挥课后习题的导航作用。

（2）巧用课后练习，厘清学习思路。细心的语文教师在研读文本时就会发现课后练习也是文本的有机组成部分，很多课后练习体现了教材的重点、难点，点明了教学目标，如果我们在磨课时能充分利用这一资源，就能有效地寻找到教学的切入点，巧妙地串联起教学的流程。

（3）活用课后练习，丰富实践活动。语文教材在一些课后练习中通常安排与课文内容相关的语文实践活动。语文教师要能充分利用课后练习中的语文活动资源，开展有声有色的语文实践活动，拓宽语文教学的渠道，培养学生学习语文的兴趣，提高学生的语文素养。

总而言之，习题是教师开展备课预设、课堂教学和语文实践活动指南针。在磨课时一定要格外关注课后习题，善于挖掘课后练习这座丰富的课程资源宝库，充分发挥课后习题在指向表达训练中的导航作用。

3. 磨课需找准切入点

我们在磨课的过程中，主要从学生和文本两个角度进行打磨。学生方面，要充分了解学生的学习需求。对于学习的内容，学生已有的学习基础是什么，可能产生哪些困惑，学生感兴趣的学习方式是什么。所有这些，教师都要充分掌握。唯有如此，才能真正做到贴近学生实际，有效促进学生的发展。

（1）研内容，找切入点。要想把课上得有个性、有深度，先要对课文内容有自己个性化的解读。只有先了解了课文内容，才有可能去深入了解文本背后的深刻内涵（有经验的老师，总是从了解内容入手，去反复研读教材，读出自己独特的理解，从而帮助学生巧妙选择一个和文本对话的切入点，由浅入深地走进文本，走进人物心灵深处。

（2）品语言，找生长点。小学语文学习的基本任务是发展儿童语言——在品词析句中提高儿童理解语言的能力和运用语言的能力，这是语文学习的根本。在语文学习过程中，语文教师要引导学生紧紧抓住关键语句，反复品读感悟，理解词句背后的深刻内涵，走进人物的心灵深处，让语文课真正具有语文味。

（3）巧练笔，找共鸣点。长期以来，语文学习非常重视朗读训练，学生在教师的引导下，一咏三叹，书声琅琅。学生通过朗读，与文本对话，走进人物内心，触摸高尚灵魂。如果还有所欠缺的话，那就是课堂上动笔的机会不多，写的训练尚显不足。可能许多老师认为，写的训练场面冷清，耗时较多，难出效果。实际上，随文练笔是“阅读与习作”的中介，是达到“拓展思维空间，提高阅读质量”的有效途径，是提高学生作文水平的一条捷径。

4. **走出磨课常见误区**

正是由于磨课对于上课越来越重要，磨课已经引起大家的高度重视，也切实提高了语文课的学习效率。但是为了一味地追求理想的教学状态，打造所谓的“精品”课堂，许多老师对磨课的看法存在一些常见误区，应该引起重视。下面主要探讨教学方法方面的常见误区。许多老师在磨课时，常常采用那些让听课者眼前一亮的教学方法，引导学生参与，活跃课堂气氛。他们或播放视频、创设情境，或小组合作、共同探究，或动手实验、体验过程，或围绕重点、一咏三叹。这种教学方法的变化和创新很好，可以激发学生学习的热情，利于学生更好地突破学习的重难点，提高学习的效率。

但是，也要防止教学方法的标新立异，尤其是脱离教学内容和学生实际，违背学生学习规律，一味地追求所谓教学效果的新奇方法。小学语文教师在预设教学方法时，首先，要从学生实际出发，符合学生的年龄特点和生活实际。既有利于激发学生学习兴趣，活跃课堂气氛，又贴近学生生活，让学生够得着。只有这样，学生才会积极参与，也才有话可说。其次，预设教学方法还要从文本实际出发，既紧扣文本，立足语言，又适度超越，把对语言的感悟引向深刻。

（三）指向表达的关键：科学实施

培养学生表达能力的关键在课堂，重点在教学实施的过程。内容选择再精准，过程打磨再精心，离开了科学有效的实施，学生表达能力的培养也就无从谈起。可见，科学有效的实施在指向表达的语文课中至关重要。下面对指向表达的语文教学实施过程进行分析，阐释科学实施指向表达的教学过程。

1. **科学的预习**

预习作为对课堂学习的提前准备，是课堂教学的前导，是一种良好有效的学习习惯。就课前预习而言，实际上是学生自觉运用所学知识和能力，对课上将要学习的内容预先进行了解、求疑和思考的主动求知过程，为课上学习做好充分准备。许多老师在引导学生预习时，要么完全放手，不布置任何实质性任务，学生怎么预习都可以；要么包办代替，提供背景资料，补充知识积累，布置一系列预习作业，学生被动预习。这就造成学生对于预习普遍兴趣不浓，无法养成良好的预习习惯。在引导学生预习时，教师应该从激发兴趣、养成习惯、方法指导入手，着力培养学生预习的习惯，取得了较好的预习效果。

（1）激发兴趣是前提。兴趣是预习活动的主要动力源泉。要想做好预习工作，必须注重激发预习的兴趣。长此以往，逐步养成预习的良好习惯。为了激发学生预习的兴趣，可以采取三个方面做法：一是完善激励机制。小学生上进心强，通过激励机制可以充分调动学生预习的兴趣。二是布置分层作业。学生学习基础不一样，学习需求也就不一样。这就要求布置预习作业时要充分考虑学生的这种差异性，科学设计。三是创新预习方式。在布置学生预习时，要注意创新预习方法，把知识性与趣味性融合起来，激发预习兴趣。

（2）方法指导是关键。预习的本质是自学。要提高学生自主预习能力，必要的方法指导是保证。有了科学有效的方法，不仅可以规范预习行为，还可以提高学生预习的效率，真正实现自主预习，培养自学能力。为了帮助学生逐步学会预习，便于进行预习方法指导，我们可以尝试着将初读前移，即将课上的初读环节前移到预习，手把手地引导学生学会预习。这样可以使学生知道预习分几个步骤，从哪些方面入手，达到怎样的要求。以课文预习为例。在平时的教学过程中，为了提高预习的实效，可以尝试总结出阅读教学“四步预习法”，即一读、二查、三找、四思，既明确了预习的基本要求，又提出了简便易行的操作方法，取得了较好的预习效果，具体流程如下。

一读，即初读课文。课前预习实际上是为课堂上深入学习做好充分准备的。所以，我们在要求学生预习时，第一步就是把课文读熟。在要求学生读课文时，可以提出三个层次的要求，即读正确、读通顺、读出情感。学生通过预习，要达到读正确、读通顺，力争读出情感。先提出量上的要求，开始预习课文的时候，必须要读课文两到三遍，而且要边读边做标记，把不认识的字、不理解的词句，用醒目的符号圈画出来。为了引导学生预习，还可以对学生进行预习读课文的方法指导。让学生以小组为单位，先个人自读，再同学互读，再由组长检查圈画的情况。这样一步步地把预习的方法教给学生，使之逐渐成为一种习惯。

二查，即查工具书理解生词。学生在初读课文的过程中，肯定会遇到生字新词。可以要求学生在预习课文时，旁边必须摆放一本字典或词典等工具书。在第一遍读完课文后，把圈出来的生字新词的读音、意思，借助工具书弄清楚。为了帮助学生提高查字典的速度，教师要教会学生查字典的一些简便方法，要求学生在字典旁边标出音序的起止范围，速记常见的部首，举行查字典比赛。学生在查出这些生字新词的音、义的同时，还可以要求学生必须将这些音、义写在生字新词的附近，便于在再次阅读时加深印象，深入理解。

三找，即找与课文相关的资料。小学教材中的许多课文都是一些长篇作品的节选，或者和一定的时代背景联系在一起。在学习课文时，需要借助这些相关资料来理解。学会收集、整理资料，也是当代学生必须具备的基本能力。因此，在布置预习任务时，可以要求学生必须在书头写上与课文相关的资料。可以查阅相关工具书，可以上网浏览。在上课之前，只要检查一下学生书头的摘抄情况，就知道学生预习的程度了。

四思，即质疑问难。预习的目的是让学生习得方法，形成能力，养成习惯。学生通过一读、二查、三找，对课文已经有了大致的了解，但这还远远不够。俗话说：不会提问的学生就是不会学习的学生。为此，预习要学会质疑问难，就是边读边思考。要鼓励学生再次回到课文中，边读边思考，为深入学习做充分准备。教师可以从以下方面去思考：思课题，思内容，思脉络，思疑难。

首先，思课题，想想该写的内容。题目是文章的眼睛。一般文章的题目都是经过反复推敲、斟酌的。看了课题，想想课题告诉我们的内容，主要应该写的内容，产生应有的阅读期待。其次，思内容，课文写了哪些内容。可以通过把几个自然段的意思合并来概括，也可以到文中找关键句子。再次，思脉络，课文按哪些顺序来写的，写了几层意思。现在的阅读教学，朗读指导非常到位，随处可见一咏三叹的深情朗读，但是揣摩表达却做得不够，其实，揣摩表达也是写作训练的前奏、基础。学生通过思脉络，了解课文的表达顺序，写起作文来也就轻车熟路了。最后，思疑难，想想有哪些不懂的词、句和问题。这既是培养学生的问题意识，也是为上课深入学习、精彩生成做准备。为便于反馈，我们要求学生把自己的问题写在课文相关内容的旁边，便于上课及时质疑问难。

(3) 养成习惯是保证。预习是一种良好的学习习惯，它培养了学生自学习惯和自学能力，有效提高了学生独立思考问题的能力。为了帮助学生养成预习的习惯，在平时的教学过程中，语文教师可以采用以下方法。

第一，实行书头预习。许多学生对预习兴趣不浓，不能坚持到底，一个很重要的原因就是预习作业多，要求过于繁杂。为了简化预习环节，降低学生抄写负担，我们在平时的教学过程中要求学生在预习时实行书头预习。所谓书头预习，就是将预习的成果在书头进行呈现。当然，书头预习并不是降低要求，流于形式。可以要求学生在书头预习时必须做到“五好”，即标好小节号、画好生词、写好意思、做好摘抄、记好问题。学生对于这种简便易行的预习方式很感兴趣，时间一长，就很容易养成预习的习惯。

第二，注意形式多样。许多学生预习半途而废，还有一个很重要的原因，就是预习形式单一。我们在布置预习时，注意把预习与课外阅读相结合。课本中许多课文是长篇作品的节选，大部分作者还有其他代表作品，许多文章的主题是相同或接近的，这就为有效开展课外阅读提供了大好契机。在布置预习作业时，要求学生搜集、阅读相关的文章。这样做，从某种程度上就迫使学生进行不间断的预习，进而养成习惯。

第三，做到每日反馈。为了帮助学生养成预习的习惯，在每天的语文课上，课始可以安排检查预习的环节，做到每日反馈。让学生以小组为单位进行书头预习检查，初步交流预习中遇到的困惑。然后将小组无法解决的问题提交全班进行讨论。这样，就把预习和课堂学习有机结合起来，使新课的学习更有针对性。同时，也避免了学生检查预习中出现的许多不足，起到很好的督促作用。

2. **科学的导入**

作为一堂课开端的导入，对学生的情绪和整堂课起到引领作用。作为上课开始的导入，起着凝神、激趣、引题的作用，为后续的深入学习做充分准备。我们不能在上课伊始过分渲染，不分主次，偏离重点，过于牵强。在导入时，要用通俗易懂的语言表述，努力增强导入的针对性，发挥导入对整堂课的引领作用。就指向表达的导入而言，可以从以下三方面入手，用通俗易懂的语言引入新课，增强导入的可操作性、针对性。第一，铺垫内容。一般叙事性、说明性内容可以采用从内容入手的导入方法，课始交流与课义有关的内容，交代背景，拓宽视野，为学习课文做内容上的铺垫。第二，蕴蓄情感。许多课文情真意切，催人泪下，导入时可以从学生相关的经历入手，蕴蓄情感，为深入学习做好情感准备。第三，提示学法。如果已经学过同类型课文，可以从复习同类型课文导入，提示学法。当然，我们在预设导入方法时，要综合考虑学生、课文内容和教师的实际，在轻松愉快的氛围中，激起学生学习的强烈欲望，使课堂导入真正成为乐曲的引子、戏剧的序幕。

3. **科学的初读**

在阅读教学中，在深入学习课文之前，一般安排初读课文的环节，以帮助学生扫除字词障碍，了解课文内容，厘清课文脉络，为深入学习课文做到充分准备。但是，许多老师在阅读课上安排初读环节时，要么放手让学生选读，要么要求不清，以致使初读课文流于形式，收效甚微，直接影响了后续的深入学习，以下情况需要引起注意。

（1）教师范读代替学生朗读。在课文第一课时的学习过程中，尤其是在各种公开课、观摩课上，为了展示教师良好的语文素养，在初读课文环节，很多教师选择了教师范读的形式，来取代学生朗读。实际上，从根本上而言，在初读环节，范读并不利于学生整体感知课文，理应把初读课文的权利还给学生。

首先，初读环节的范读人为地剥夺了学生的权利，是教师中心论的体现。在初读环节，学生面对一篇陌生的课文，如果没有深入预习，知之甚少。我们应该把属于学生的初读时间还给学生，让学生直面语言文字，捕捉相关信息，对课文有一个直接的、全面的了解。其次，教师范读并不能促使学生主动感知课文。从操作过程来看，范读表现为老师读学生听，学生被动接受。就其实质而言，范读忽略了学生主动参与这一必不可少的过程。教师应该引导学生带着任务自己主动去朗读课文，通过多种感官与文本亲密接触，从而对课文有一个全面的、初步的了解，为与文本深入对话打下坚实的基础。

（2）表述含糊掩盖要求不清。让学生带着一定的任务去初读课文，可以提高初读的效率。因此，教师在安排初读前，要让学生清楚在初读时要完成哪些任务，可以是口头的，也可以是书面的。但是许多老师在安排学生初读时，任务表述过于笼统、含糊，以致无法评价目标的达成度。有的老师要求学生“大声朗读课文”，有的要求学生“快速浏览课文，待会儿我们来交流”，还有的要求学生“自由朗读课文，看看产生什么疑问”。这样的表述，在我们的阅读教学中或多或少地存在着。一些教师可能认为这是初读环节，学生对课文知之不多，布置许多任务，学生难以完成，倒不如让学生把课文通读一遍，至于其他方面的要求，待细读文本时再深究。

实际上，教师在进行教学预设时，要有很强的目标意识。通过这一环节的学习，要达到怎样的预期效果。如果连自己都不清楚目标指向，那就无法高效学习。上述种种笼统、含糊的要求，指向性不明，要求不清，这就造成教师难以对学生的初读进行评价。“大声朗读课文”“快速浏览课文”，实际上都是指初读课文的方式，在初读的过程中究竟要做什么，教师实际上没有涉及。

教师在安排初读环节时，要交代清楚学生要完成的任务：是理解词语意思，还是概括课文内容；是画出相关句子，还是提炼小标题。如果要求较多，可以分条目呈现。还有，学生读完全文需要一定时间，初读要求最好能呈现给学生，可以简要地写在黑板上，或用电教设备呈现。如果涉及数量，要具体说清楚，如读几遍、画几句、提几个问题、写几处批注。这样学生在初读时，就知道该往哪个方向努力，达到怎样的程度，从而提高初读的实效。

4. 科学的质疑

在小学语文教学中，培养学生的问题意识得到越来越多的关注，语文课程要充分激发学生的问题意识和进取精神。语文课上培养学生问题意识已经成为语文课程的基本理念。在指向表达的语文课上培养学生的问题意识可以从以下方面着手。

（1）聚焦课文——让学生善于提问。培养学生的问题意识，首先要帮助学生学会提问。引导学生学会从课文中善于发现问题，产生疑问。在语文课堂上，问题应当聚焦课文内容，贴近学生生活，避免问题大而不当、离题万里。首先，课题质疑。课题起着概括内容、点明中心、交代背景等作用，是文章不可缺少的部分，学课文一般也是从课题开始的，引导学生学会提问先要从质疑课题入手。其次，课文质疑。课文内容是文本的主体，也是培养质疑能力的重点。在学习课文内容时，教师要始终把培养质疑能力放在重要位置，引导学生通过自读自悟、合作讨论，由浅入深地与文本对话，不断提出有价值的问题。最后，拓展质疑。在阅读教学中，如果就课文学课文，就会一叶障目，不见森林，就会限制了学生的发展。

（2）以问激问——让学生敢于提问。培养学生的问题意识，还要鼓励学生敢于提问。作为教师，要从学生长远发展的高度，鼓励学生敢于提问，不迷信书本和老师。实际上，教师以问激问可以让学生找回自信。学生普遍具有向师性，小学生尤其如此，老师在他们心目中的地位是神圣的，不可替代的，他们敬佩老师，喜欢模仿老师。“老师一开始读课题，也和你们一样找不到问题。再仔细一读，老师产生了一个问题，小女孩是怎么摘花瓣的？你们再仔细读读课题，是不是和老师一样，也产生了新的问题？”教师的巧妙一激，让学生感到，原来老师是一开始也找不到问题，如果自己像老师一样再仔细读读课题，一定也能产生新的问题。

教师的示弱激问，可以为学生注入强心剂，学生充满自信，就会产生智慧的思维，质疑解疑的意识逐渐增强。在学生面前，教师偶尔的“主动示弱”，可以调动学习兴趣，活跃课堂气氛，重塑学生信心。在学生困惑时，教师可以表达“老师一开始也和你们一样……”在学生精彩的发言前，教师可以表达“你比老师还……”。相信学生的眼里一定会闪出异样的光芒，重新找回自信，产生一种前所未有的成功感。

教师以问激问要注意适时适度。适时，就是要把握时机。要在学生一时困惑，提不到有价值的问题，找不到与课文对话切口的时候。此时教师的主动示弱，提供了质疑解疑的方法，打开了学生与文本对话的窗口，为学生找到了解读的钥匙，例如“老师一开始读课题，也和你们一样找不到问题……你们再仔细读读课题，是不是和老师一样，也产生了新的问题？”。适度，就是要把握激问的尺度，不能让学生感觉到是教师的矫情造作。教师激问的问题不能太简单，要有一定的思考价值，发挥应有的示范引领作用。学生在教师的帮助下，顺着教师的思路，很容易找到提问的方法，也像老师一样提出有价值的问题。教师适度激问，可以充分发挥教师的主导作用，也是其教学智慧的一种体现。

5. 科学的指导

提高指向表达实施效率的关键是要充分发挥教师的指导作用，通过教师的有效指导，帮助学生选准内容，找准方法，科学实施，提高效率。在学生学习课文的过程中，经常遇到学生理解失当、找不到与课文对话切口的情况。通常情况下，此时的学生一脸困惑，等待老师的点拨。这里的“点”主要指引导、启发、指导，“拨”主要是指纠正错误，得出正确结论，即拨错反正。这就是点拨式教学法。所谓点拨式教学法，就是引导、启发学生利用已知的原理和知识，经过逻辑推理，把错误的想法和结论纠正过来，得出正确结论和答案的教学方法。教师在点拨过程中要把握住学生的心理及智力活动的水平，随时调整自己的教学行为，以实现教与学的统一，学生掌握知识与发展智能的统一。

小学语文教师在教学过程中，要帮助学生启迪思维，指导方法，重塑信心，学会表达，使点拨成为指向表达的语文教学的一大亮点。下面主要探讨伙伴互助点拨。合作学习作为课程改革积极倡导的学习方式之一，在学生对课文的解读陷入困境时，我们可以把学习的主动权还给学生，采用小组合作学习的方式，让学生以6~8人组成学习小组，围绕困惑进行讨论，互相启发。把点拨的权利交到学生手中，让伙伴在合作学习中互相点拨。在进行伙伴互助时，首先，要明确讨论的问题。不能漫无目的，谈天说地。要聚焦困惑，多层次、多角度地深入探讨。其次，要有序组织。要明确一名组长进行安排，给每个小组成员角色定位，如记录员、监督员等。各司其职，提高效率。要求在讨论的时候，要学会倾听，不随意打断别人的发言。最后，教师也要参与讨论。讨论的过程中，学生互相启发，取长补短，一定会碰撞出智慧的火花。

第三节　小学语文教学生活化实施策略

一、调整小学“生活化”语文教学的内容

小学语文“教学生活化”要想发挥真正的价值，“就要求教师能够对教学内容和生活素材进行良好整合，构建完整的体系，从而达到有效的教学”①。因此，在小学语文“教学生活化”教学中，教师需要注意以下方面。

（一）从生活中择取语文教学的内容

语文源于生活，生活处处有语文。小学语文“教学生活化”要求学生能够在生活中学

①徐凤杰，刘湘，张金梅，等．小学语文教学生活化的策略与研究［M］．长春：吉林人民出版社，2021：241.

习语文、在学习语文中发现生活，而教师作为实施小学语文“教学生活化”的主体，是学生进行语文生活化学习的引导者和带路人，应积极地引导学生关注生活、关注生活中出现的语文问题，这就需要教师自身就要拥有一个热爱生活的心灵，以及一双善于观察生活的眼睛。因此，在小学语文“教学生活化”中，在平时生活中，教师必须对生活中的语文知识保持敏感，随时随地积累广泛的生活教学素材，并进行细致的研究和合理的分类，最后能够在具体的实践中对这些素材进行灵活的选择，使之更好地为教学内容服务。

例如，语文教师可以根据当下的生活场景，如天气、季节、节日等不同情形，让学生回忆所学的相关课文、诗词；或是让全班学生每日轮流写出生活中看过的好词、好句，并让其他同学观察有无错别字、病句；或是在运动会、文艺演出期间，让学生通过“观察日记”的方式记录每日的心情、感受，并在全班进行分享；或是在全班征集活动口号、介绍等，不断地抓住语文知识与生活的最佳结合点，充分展示学生的听说读写能力和创新能力。如此一来，不仅可以带领学生复习、巩固曾经学过的语文知识，而且也能间接地引导学生学以致用，培养学生对语文知识的应用意识和能力，使学生可以在不知不觉中察觉到，学习语文并非单纯地为了应付考试，让学生能够发现生活中的语文，与语文建立亲密的关系，进而不断地激发学生对语文的学习热情和对语文知识的探索欲望。

（二）依据教学的内容选择生活素材

教材是教学内容的依据，小学语文教材为教师提供了每堂课的基本教学内容，教师在进行小学语文“教学生活化”前，需要对教材进行深入钻研，以此确定教学的方向，选择合适的生活素材。

1. 确定教学生活化的重难点

在小学语文“教学生活化”中，教学内容的重难点往往更需要联系学生生活，帮助学生理解，这就需要教师能够准确地领悟教材，确定哪些知识点是重点、哪些知识点是难点。如果教师无法区分教学的重难点，在课堂上花费过多的时间和精力去讲解那些不重要或是容易理解的知识点，就会影响学生对重点、难点的理解和掌握，小学语文“教学生活化”也就达不到预定的教学效果。例如，教师在讲与名人相关的课文时，教学的重点在于厘清人物事迹，教学的难点在于理解人物思想、领会人物精神，教师完全可以在以上两个方面大做文章，联系学生生活实际，如将人物事迹与学生生活事例进行对比，或是让学生带着人物的思想进入生活等。而人物的相关背景或是其他相关人物、事迹等内容是次要的，教师只需一笔带过，让学生浅尝辄止即可。

2. 从教材中深挖生活化内容

小学语文“教学生活化”要求教师正确地解读教学内容，在教材已给出的生活化内容的基础上，去发现、挖掘出更多的生活化教学内容，使小学语文“教学生活化”发挥出更大的价值和更好的教学效果。需要强调的是，生活中的教学素材是广阔的、无限的，教师不可随意选取自以为有趣、有价值的生活内容，一定要注意生活素材与教学内容的贴合度，并且找到教材内容和生活的结合点，最后将两者进行良好的整合，共同为小学语文“教学生活化”服务，使小学语文“教学生活化”有意义、有深度。教师在进行教材整合时，可以灵活地将教材为“我”所用，各单元以内容组成了文本的专题，围绕儿童生活，依据人与社会、人与自然、人与自我等方面进行编排，体现教学设计“贴近学生的语文生活”的理念。

此外，创生教材相对于整合教材较难，是在对教材进行深入理解、整合之后进行的，体现了教师对教材使用的较高水平。用得好，能丰富教学内容；用得不好，则易产生累赘，偏离教学中心。小学语文教师常用的创生教材的方法包括拆分、联合、增添等。①拆分：将教学内容拆分，不整体地呈现在学生面前，学生通过部分认识整体，其意图主要是吸引学生学习兴趣、突出教学重点、分散教学难点等。②联合：语文教材中使用了很多文包诗、文言文改写现代文的课文。在教授之前，教师可以将原文找到，将其作为辅助材料帮助学生理解教学内容。③增添：依据教学目标，在原文的基础上增添一些资源，可以是文本中的同类事物或人物，也可以是图片等。

3. *确定生活素材广度和深度*

生活素材的广度是指教学内容中涵盖关于生活素材的范围或是生活素材的量，即教师在一节语文课中所传输给学生的全部生活信息量。在小学语文“教学生活化”中，教学内容的量和复杂程度与生活素材的广度有着密切的联系，如果教学内容较少、较简单，如一则寓言或是诗歌，教师就可以在课堂中频繁联系学生的实际生活，利用广泛的生活素材并通过让学生表演、表述生活的形式，调动课堂氛围，加深学生对相关知识的理解和记忆；如果教学内容较多、较复杂，教师就可以根据实际需要适当地结合学生生活，在有必要的时候通过生活实例去引导、启发学生。

生活素材的深度是指对生活素材的抽象概括水平，在实际教学中，相同的生活素材可以有不同的深度，生活素材的深度一般可以根据教学对象的思维、认知发展水平及已有的生活经验去确定。例如，对于低年龄段学生，其思维、认知发展水平尚不成熟，生活经验也比较少，教师将教学内容与生活素材进行整合时就应该足够简单、直白，如讲关于亲情的文章时，可以让学生联想自己的家人；讲关于景色的文章时，可以让学生联想自己在生活中看过的事物等。对于高年龄段学生，其思维、认知发展水平已经比较成熟，生活经验也较丰富，教师将教学内容与生活素材进行整合时就可以比较间接、抽象，如通过课文中的表现手法让学生去描绘生活中的事情，或是让学生自己从生活中找出与教学内容相关的实例。

二、创设小学“生活化”语文教学的情境

创设符合学情的生活化情境，具体是指语文教师针对学生当前需要掌握的知识内容，通过借助具体直观的材料、图片、音乐等资源建构社会生活中的情境，以此来激发学生的学习兴趣、丰富其生活的独特体验、提升其学习的成就感，完成对语文知识的建构。之所以要在创设生活化情境中加入“符合学情”四个字，是为了优化这一策略，因为其在具体实施中的问题仍不容小觑，主要表现为资源利用泛滥、课件成了主角、表演代替体验、课堂成了舞台等。“符合学情”的生活化情境凸显以满足学生学习需求、解决学生学习困难为根本，以谨防课堂开放过度、“形式化”教学现象。

（一）以关注学生需要为首要前提

根据马斯洛的需要层次论，人的各种需要由低到高分为七个等级，这七个等级包括生理的需要、安全的需要、归属和爱的需要、自尊的需要、认知和理解的需要、审美的需要和自我实现的需要。根据其强度的不同，可以将它们分别置于不同的需要层次上。只有当低级的需要得到满足后，更高层次的需要才会产生。这就给教师教学带来了启示，即在课堂教学中，教师要营造良好的学习环境，了解学生的日常状况，着重关注学生的特定需要、妥善的安排学生作息等。在满足了学生的需要之后，学生对语文学习的兴趣和动机才能更强。如何关注学生的需要，宏观上，语文教师应做一个有心人，多观察、多思考、多倾听、多研究，可以在教学中开展个案研究、问卷调查，深入学生内部，掌握第一手资料。微观上，针对一节语文课，可以采用预习单的形式了解学生对知识的掌握情况和困难所在。

（二）以寻找“结合点”为关键

建构主义的学生观认为，教学不能无视学生的已有知识经验，简单强硬地从外部对学习者实施知识的“填灌”，而是应该把学生的已有知识经验作为新知识的生长点，引导学生从原有的知识经验中，生长新的知识经验。寻找语文教材内容与学生生活关联的结合点，应知道学生的“会”与“不会”，即根据学生的已有经验进行“同化”“顺应”，达到知识的“平衡”。例如，在教授《坐井观天》一文时，文中出现了“井沿”一词，很多学生没有见过井，更缺乏对井的认识，理解起来有困难。但是，学生对“床”“碗”等物品很熟悉，教师可以利用这些物品来让学生认识“沿”就是“边”的意思，碗的边就叫“碗沿”、床的边就叫“床沿”，井的边就叫“井沿”。

（三）以选择“创设形式”为支撑

常用的“创设形式”有问题情境、表演情境、游戏情境、实践情境等，各形式均有其优点，小学语文教师可以结合学生的实际需要和教材内容进行选择。

第一，创设生活化的问题情境。问题情境是语文学习论的基本概念之一，是由个体面临的语文问题和他所具有的相关经验所构成的系统。在这里同样适用于语文教学，“生活问题情境”便可以概括为，教师在“教学生活化”过程中，立足于学生已有的生活经验，使学生置身于与生活相关的问题氛围之中，结合相关语文知识，启发学生提出问题、分析问题，最后解决问题。通过创设生活化问题情境，可以激发学生的探知欲望，促进学生理解并运用知识，在小学语文教学生活中，教师可以根据实际需要进行不同类型的生活化问题情境创设，具体的方式包括：“悬念式”生活化问题情境、“探究式”生活化问题情境、“辐射式”生活化问题情境、“活动式”生活化问题情境等。

“悬念式”生活化问题情境：就是教师针对选取的生活素材与教学内容进行整合，用生动的语言、合理的形式在课堂中呈现出来，并且该素材的呈现能够留有余地，在学生心中产生悬念，达到激发学生求知欲望的目的。

“探究式”生活化问题情境：小学语文要让学生在探究中完成语文知识的构建。教师需要认清学生当前的认知水平，结合与教学内容相关的一系列循序渐进的问题，启发、鼓励学生在此基础上不断地探究问题，最后在此过程中构建相关知识，形成相关能力。例如，在学习与昆虫有关的汉字时，教师可以先为学生呈现各种昆虫的图片，让学生读出昆虫的名字，再展示对应的汉字，让学生观察这些汉字，找到它们的共性，逐渐将探究活动过渡到让学生发现汉字的规律。因为有了具体情境的影响，学生对相关规律的发现过程就会变得非常迅速、顺利。

“辐射式”生活化问题情境：语文教学要加强对学生发散性思维的培养，而创设“辐射式”生活化问题情境便是对学生发散性思维培养的有效途径。教师可以以某一语文知识点为中心，以此提出更多的、角度不同的问题，让学生在较短的时间内迅速了解与该知识点有关的各种知识，在了解该知识点的外延后，对该知识的内涵产生更深刻的理解。

“活动式”生活化问题情境：所谓“活动式”生活化问题情境的创设，是指教师带领学生参与各种语文实践活动，辅以环环相扣的一系列问题，让学生在活动中运用双手，亲自解决问题，提升实践能力。各类生活化问题情境的创设，体现了小学语文教学生活中“让生活走向语文，由语文走向生活”的教学理念，学生在生活化的问题情境中对语文知识进行不断的探索和深入的理解，以此构建语文知识，提升语文能力。

第二，创设生活化的表演情境。创设生活化的表演情境是指结合学生实际进行情境创设，让学生以表演的形式体验生活，加深对事物的认识和理解，解决生活中的实际问题。例如，在口语交际“商量”的教学中，教师可以根据课本中的生活化的情境，在课堂中组织学生结合这些情境进行表演，让学生在表演和观看中学习“商量”。

第三，创设生活化的游戏情境。创设生活化的游戏情境是指针对教学内容设置一些学生喜欢的游戏，让学生在游戏中体验学习的乐趣，收获更多的知识，以达到寓教于乐的作用。

第四，创设生活化的实践情境。创设生活化的实践情境是指教师根据教学内容、结合学生的学习特点组织学生参加实践活动。教师可以开展语文课堂实践，也可以在课下组织学生去实践。

（四）以丰富语文课程资源为辅助

建构生活化的语文课堂需要大力开发、合理利用语文课程资源，各地都蕴藏着多种语文课程资源。学校要有强烈的资源意识，认真分析本地和本校的特点，充分利用已有的资源，积极开发潜在的资源，特别是人的资源因素和在课程实施过程中生成的资源因素。最显性的课内资源就是语文教材，小学语文教材中有很多情境图、表音表情图，极富趣味性、形象性和生活性。小学语文教师要充分利用这些资源，实现教学功能的多样化。在教授学生发音时，可以以学生自身为资源，使用好三个小帮手——耳朵、眼睛和小手；在教学拼读时，使用教（学）具——拼音卡片，帮助学生练习拼读。需要注意的是，课程资源是用来帮助学生认识事物、获取知识的一种辅助工具或方式，切不可为了教学形式而忽略学生实际来使用。

（五）把生活实例导入语文的课堂

积极的思维活动是一节成功语文课堂的关键，而富有创造性和启发性的课堂导入不仅可以吸引学生的注意力、激发学生的思维，而且可以引发学生对新知识的求知欲和探索欲。因此，课堂导入的成与败会直接影响到整节语文课的教学效果。语文课堂导入的方式是丰富多样的，在小学语文“教学生活化”中，教师根据学生的年龄、心理特征，特别是已有的生活经验，充分利用生活实例进行新课的导入。教师通过生活实例对教学内容层层剖析，可以为学生营造出真实、生动、充满趣味的课堂学习氛围。然而，通过实际调查，教师在利用生活实例导入课堂时出现了若干问题，因而为了更好地发挥出该导课方式的价值和优势，教师需要遵循以下原则：

第一，教师选取的生活实例必须与新课内容紧密相关。生活中的事例是繁杂无限的，教师需要对其进行筛选，从中敏锐地发现与新课内容紧密相关的生活实例，运用于新课的导入，使导课切实有效。例如，在学习《触摸春天》这篇课文时，教师需要让学生理解文中盲童对生命的热爱，从而让学生懂得珍惜生命、热爱生活。如果教师在导课时只是询问学生对春天的观察，那么就是脱离了课文的主旨，将学生带入到学习春天这一节气的气候特征的方向上去。因此，教师应将问题的侧重点放在学生对春天的感受上，首先可以询问学生眼中的春天，再逐步引导学生不用眼睛去感受春天，让学生描述有关春天的嗅觉、触觉、味觉等，最后回归课文，引出盲童这一主人公，为学生接受、理解课文内容奠定基础。

第二，教师选取的生活实例必须具有趣味性。生活化的导课形式有很多，而其中有些形式枯燥无味，既并不能激发学生的学习兴趣，也不能对教学内容提供显著的帮助。在小学语文“教学生活化”中，生活情境的引入不仅需要贴近学生的真实生活，教师还需要在若干的素材中去选取能够吸引学生的、引发学生思考的、有意义的趣味性生活实例。例如，在讲识字规律时，教师可以播放歌曲《两只老虎》，让学生发现歌曲中重复的歌词，然后教师便可以这样引出：“这首歌中有重复的歌词，因此我们在学习这首歌时，记住它的这种规律，我们便可以很快地学会这首歌。识字也存在着一定的规律，只要我们掌握好识字的规律，我们就可以轻松掌握许多生字。”由学生生活中熟悉、喜爱的一首歌曲进行课堂导入，让学生在充满趣味的课堂中发现、学习新知，这样的导课既不突兀，也不牵强，生活实例贯穿于整节课的教学，生活情境的创设发挥了真正的价值。

第三，教师选取的生活实例必须要符合学生的认知水平。教师必须要选取符合学生认知水平的生活实例进行导课。例如，在学习时代距离学生较遥远的课文时，教师不可一味地描述自己或他人的理解和感受，应联系学生在生活中已经通过电视、广播等形式非常熟悉的相关实例入手；或者使用对比的方式，将课文内容与学生生活实际进行比较，形成比较强烈的反差，以此加深学生的理解。与此同时，考虑到小学生的年龄较小，教师举出的实例必须是浅显易懂的，不可过于深奥，如有的教师在讲关于霍金的课文时，为了突出霍金的伟大，列举出了诸多霍金的成果，但对于小学生而言，这些领域是陌生的、无法理解的，这样的导课便是没有任何意义的。

三、完善小学“生活化”语文教学的方法

要实施小学语文“教学生活化”，小学语文教师就应该改进传统语文教学方法，丰富语文教学形式，让学生在学校内、在生活中，在自主学习、合作探究中获得语文知识和技能。对于小学生，特别是小学低年级学生而言，学习语文不等于背语文、练语文、考语文，而是“做语文”。小学学习语文的过程应当是一种“做”的过程，而非单纯的听说读写，只有在体验生活与实践中学习语文，才能真正了解语文、理解语文知识，并逐步培养

学以致用的能力。通过以下三种教学方法，可以有效促进语文“教学生活化”，发挥小学语文“教学生活化”的最佳教学效果。

（一）用游戏感知与应用语文

爱玩游戏是孩子们的天性，使用生活化、活动化、生态化的教学形式传递语文知识，是孩子们乐于接受且行之有效的教学方法。游戏教学法便是一种将教学目标、教学内容与生动有趣、内容丰富、形式多样的游戏活动相结合，让学生在游戏中消除对学习的恐惧、获得求知的喜悦的教学方法。游戏教学法在小学语文“教学生活化”中主要有两种教学策略：第一，角色扮演，在生活场景中感知语文。教师可以通过角色扮演的游戏，把抽象的语言文字还原为生活中的各种客观事物，将真实的生活情境再现于课堂上。第二，在竞赛游戏中应用语文。通过竞赛游戏，可以帮助学生更好地将理论知识转化为实践活动，达成学以致用的教学目标。

例如，在学习了一定的生字、词语之后，教师便可在班级组织“作文大赛”，让学生以“生活”为主题写一篇作文，并且规定学生在写作中尽量多地去运用新学的生字、词语。教师和全班学生共同作为评委，评奖标准为新学生字、词语的运用数量和质量，评选出一、二、三等奖。在竞赛游戏的过程中，不仅巩固了学生对生字的掌握，还提升了学生对新学生字、词语的应用意识与能力，并在评价他人作品的过程中培养了学生的阅读能力和鉴赏能力。游戏教学法中的竞赛游戏实际上就是让学生思考、运用语文知识解决问题的过程，在此过程中，激发学生对语文学习的积极性，唤醒学生对语文与生活间的联想，最终将语文知识落实到生活实践中。

（二）运用生活化的教学语言

教学语言是教师进行教育教学的重要手段，是表达和传递知识的主要工具。对小学生而言，小学语文教学内容比较抽象，难以理解，这就需要教师用通俗易懂的、贴近学生生活的教学语言来表达语文知识，使学生更容易理解。简单的语文游戏，不仅可以促进学生积极参与，还能培养学生的合作意识和责任意识，让学生体会成功的喜悦，更重要的是学生可以在游戏中体会语文价值，领悟语文知识。教师通过语文游戏的方式进行教学，不但符合学生的语言规律，还能提高教学质量，提高学生的语文能力。

下篇　小学语文阅读能力培养

第四章　小学语文阅读能力培养的集体推动

第一节　小学语文阅读能力培养中的教师行为

一、小学语文阅读能力培养中的资源选择

在现在的语文阅读教学中存在一种矛盾，即学生日益增长的课外阅读需要与阅读资源之间的矛盾。现在书店、网上的阅读资源丰富多彩，如何帮助孩子选择适合他们的阅读资源，就显得尤为重要，需要遵循以下原则。

第一，关注年龄特点。孩子在不同的年龄阶段，应阅读不同层次的书籍，例如，低年级——绘本、故事书，中年级——童话故事、儿童文学，高年级——名著、科普、历史、数学、天文、传记、经典……根据学生的年龄特点，阅读书目由浅入深，由易到难，书目的推荐既有阶段性，又尽量保持连贯性，读物语言水平要略高于学生，挑选的内容不能总停留在浅显的、过于形象的读物上，应多选择一些有深度的、稍微超过孩子的知识积累、认知水平和理解能力的内容。只有这样，才能激活感性，磨炼理性，在阅读中不断成长。

第二，进行同步阅读。“在教学中，我们可以结合教材内容进行拓展阅读，选择与我们平时的教学内容相关联的书籍，推荐孩子进行阅读，这样既可以深化学生对课堂内容的理解，又可以拓展学生的知识面，提升学生阅读能力”①。例如，学习了《去年的树》，可以向学生推荐读《时代广场的蟋蟀》，学习了《草船借箭》，可以向学生推荐《三国演义》等，通过这样的同步阅读，可以将课内教材的阅读，延伸到课外阅读，既培养了学生的阅读习惯，又使得学生的阅读能力得到不断提升。

第三，经典浸润心灵。阅读经典名著是课外阅读的最高境界，我们看到孩子沉浸在阅读经典名著的喜悦中神采飞扬时，会感受到经典名著对于孩子心灵的呵护、精神的滋养，已如春雨点点入土，滋润孩子心田。因此，在教学中，我们可以应根据学生的文化基础，相继推出适合学生年龄阶段的经典名著，引领孩子迈进经典的文学殿堂，让经典名著给予孩子精神的滋养、文化的熏陶，从而温暖他们的心灵，激发他们心中善良的、温柔的一面。

---

①吕珈臻．小学语文阅读能力发展策略研究［M］．福州：海峡文艺出版社，2019：177.

第四，符合心理特征。我们在为孩子选择推荐书目时应注意孩子的心理需求具有年龄特征。小学阶段的孩子一般好奇心强、表现欲强，他们都比较喜欢充满冒险、刺激和神秘的书目，羡慕勇敢、机智、大气等特点的人物。因此，我们可以向他们推荐具有类似特点的书籍，如《吹牛大王历险记》《木偶奇遇记》《海底两万里》等，这些书肯定会受到孩子们的喜欢。

读书让孩子们幼小的心灵得以宁静，读书能让孩子们的生活更加充实，读书能让孩子们的心灵趋向高尚，读书能让孩子们增长知识。也许读书无法延长生命的长度，但却可以增加生命的厚度，让每个学生都爱上读书，让每个学生都读到适合自己读的书，这是教育者义不容辞的责任。

二、小学语文阅读能力培养中的工具开发

随着课程改革的深入发展，课外阅读已经成为提高学生语文素养、提升阅读能力的重要手段。教室里、图书馆、书店的书琳琅满目，学生的阅读活动看似丰富多彩，但是总是缺少引导学生的真正有效的阅读操作途径。因此，设计提高学生兴趣与能力并举的“阅读学习单”，以“阅读学习单”引领学生课外阅读，以“阅读学习单”开展阅读指导课，以“阅读学习单”评价激励学生兴趣、培养阅读习惯，最终使学生掌握自主阅读的技巧，使学生学会自主阅读。

目前，部分学生的课外阅读，只注重故事情节的浏览，没有对人物的深刻认识，更谈不上对语言的欣赏积累、对篇章结构的揣摩模仿。学生做阅读笔记时，常常浅尝辄止，只是抄上文中的几个句子，写上诸如“真令人感动”“我好激动”“真棒”之类的泛泛之语。读后感也只记录了故事内容，没有深入的个人体会，读起来枯燥乏味……因此，如何激发学生的阅读兴趣，习得阅读方法，提高自主阅读的质量亟待研究。

（一）做好“阅读学习单”的准备

设计阅读学习单时，在课前教师要深入钻研阅读的教材，把握教材重难点，更要认真地进行学情分析，不仅要了解学生已有的知识经验基础，还要关注学生的学习方式和思维习惯，并进行分析。然后，将教材、学生两方面的情况有机结合，找准切入点，培育生长点，激发创新点，明确合理的教学目标，再进行设计。

例如，《昆虫记》这本书记录了法布尔一生的心血，书中深刻地描绘几种昆虫的生活：蜘蛛、蜜蜂、螳螂、蝎子、蝉、甲虫、蟋蟀、苍蝇等。用通俗易懂、生动有趣和散文的笔调，深入浅出地介绍了他所观察和研究的昆虫的外部形态、生物习性，真实地记录了几种常见昆虫的本能、习性、劳动、死亡等，既表达了作者对生命和自然的热爱和尊重，又传

播了科学知识，体现了作者观察细致入微、孜孜不倦的科学探索精神。

另外，根据学习内容的特点，需要设计学习的任务，更要采用点拨的方式给学生以学习方法的指导。例如，带领学生阅读《昆虫记》时，在第二板块的“设计名片”的学习单上，先要设计螳螂、蜘蛛的名片，让学生猜猜是哪一只昆虫，然后透过名片看品质，着重交流文章中几只昆虫的主要特点，最后要求学生模仿上面两张名片给蜜蜂和蟋蟀各设计一张名片。一段时间过后，学生设计的名片精彩纷呈。这主要归功于设计之前教师悉心的学法指导。

（二）编制“阅读学习单”的框架

在指导学生进行课外阅读时，为了避免学生在课外阅读出现盲目、不知所云的现象，根据学生的书目特点、年龄特点、目标方法等，编制了课外阅读“学习单”的基本框架，学习单可以分为三类，要求不同，形式不同，难度更是不一样。三类“学习单”分别为：圈圈画画、批注体会、写写练练。

“学习单一”是基础阅读，是让学生大体了解文章的主要内容，在了解内容层面的学习单类型框架中，大多采用圈圈画画型。

“学习单二”是咀嚼阅读，是让学生在感受深刻的地方记上自己的体会，在积累和评价层面上的学习单类型框架中，大多采用批注体会型。

“学习单三”是延伸阅读，是学生读完文章后，让学生谈感受和体会层面的学习单类型框架，大多采用写写练练型。

当然不同的书目，我们希望学生深入学习的内容也不一样。因此，课外阅读“学习单”的设计并不是一成不变的，我们会根据具体的书籍内容、具体的阅读指导课类型，进行适当的调整和改变。

（三）运用“阅读学习单”的形式

“阅读学习单”是教师通过对学生的学习过程进行具体、深入的指导，以一个个小建议让学生充分经历语文学习的过程，为学生的学习提供一份“自助式”的补助工具，它的活动形式可以是多样的，可以是合作探究，可以是动手操作，可以是动脑思考，可以是动口交流，可以是独立阅读，可以是动笔整理，不管是哪种形式，目的就是使每一个学生都融入学习任务之中。综上，“阅读学习单”可以有以下形式及运用：

第一，动手操作式学习单。所谓“动手操作式学习单”，是指设计的学习单要增强趣味性，形式生动活泼，激发孩子探究的兴趣，让学生能够主动动手操作，这样的学习方式，对学生充满吸引力，学习成效也会比较显著。

第二，动脑品鉴式学习单。“动脑品鉴式学习单”就是让学生带着鉴赏的眼光直接面对文本，在自主阅读活动中获得积极的、个性的阅读体验，用最原本的认识来品赏和鉴别文本，毫无顾虑地批判和赞扬文本。

第三，朗读感悟式学习单。“朗读感悟式学习单”是指在教学中让学生充分地读，在读中整体感知，在读中有所感悟，在读中受到情感的熏陶。尤其是在课堂中要保证充裕的读书时间，但是每一次读要有明确的目标指引或要有具体的问题来引导，在课堂中进行朗读积累，使课堂焕发生命力和活力。

第四，拓展延伸式学习单。“拓展延伸式学习单”是指学生已经能够领悟一定的学习方法，在此基础上，老师不失时机地通过学习方法上的适度迁移和必要的拓展，唤醒激活学生的固有知识，举一反三，从而达到事半功倍的效果。

“拓展延伸式学习单”成为联系课内外阅读的桥梁，让学生建构起从课内向课外独立阅读的过渡，教学中老师通过指导学生尝试运用课堂所学的方法独立阅读相类似的文章，使学生学习知识由“扶”到“放”，阅读能力不断得到提升。

阅读学习单的设计与运用，给学生的学习方式带来了巨大的转变，它让每一个学生都参与到阅读活动中来，让学生用自己的眼睛去阅读，用自己的嘴巴去表达，用自己的头脑去思考，用自己的小手去书写，用自己的身体去经历，实现学生根据已知信息获取知识由“扶”到“放”的过程，让学生真正成为学习的主人，体现了“以生为本”的教学理念。

三、小学语文阅读能力培养的教学模式开展

传统的语文阅读学习方法有：背诵、批注、精读、略读、浏览等，这些阅读方法比较零散，关注字词局部，偏注重文学性作品的阅读。阅读能力发展基本策略：预测、联结、自我提问、比较、图像化、摘要、推论、批注等。这是从读者阅读发生的心理过程出发，自上而下，连贯完整，适应面广的阅读策略。在教学过程中，教师应通过以下教学模式综合运用各种阅读策略培养学生的阅读能力，实现在学生视域下所确定的阅读教学目标。

（一）开展品读体味式的语文教学模式

对于小学生而言，最基本的语言感知能力是语感。那么，培养语感最直接有效的途径是让学生进行朗读，从朗读中理解语言文字的含义，使学生从字里行间欣赏语言文字的优美，体会语言文字表达情感的作用。作为老师，就是指导和帮助学生把句子读通顺，在读通顺的基础上读出画面、读出情感，从中品味语言文字的准确与优美，提升阅读能力。

在低年级的语文教材中，多次出现同语反复、相同句式反复等句式的课文，特别是一年级的课文，多为儿歌或简单的并列结构段式课文，一般具有结构相似、情节反复、选材

讲究之特点，这样的文章节奏感强，读起来活泼，朗朗上口，符合低年级儿童的心理特点。在阅读教学中，我们要在学生理解课文的基础上着力进行语言表达的实践研究，提高学生的语言运用能力。

运用图像化策略拓展的这一语境既充分挖掘了学生已有的表象与积累，又迁移课文中的言语范式，潜移默化地训练了学生的语言能力。教学时，教师只有抓住这样的反复语言点的奥妙，在不同文本的反复训练中明确表达出应注意事物特征的逻辑对应关系，才能让学生形成语言定式，养成严谨的表达习惯，为今后的语言学习奠定坚实的基础。

（二）开展情境创设式的语文教学模式

在阅读教学中，经常出现这样的现象：无论课文描述的景色多么迷人，叙述的事情多么感人，可学生就是没有感觉。原因可能是多方面的，但其中有一重要原因是学生角色模式的定势，使得他们在阅读课文中多把自己置于文外，语言内容难以引发学生进行亲身体验，语言情感也很难激起学生的共鸣。为了更好地让学生感受到语文阅读的魅力、激发学生的阅读兴趣、提高学生的阅读能力，教师应当积极地创设多种多样的阅读情境，努力营造轻松愉悦的阅读学习氛围，构建学生情感的桥梁，调动和发挥学生的积极性和主动性，让学生在课堂这块民主自由的天地里，充分施展他们的手脚，锻炼他们的才华，让学生能在阅读中感悟，在感悟中升华，从而提高阅读能力。

小学生的形象思维能力是极其活跃的，生动、鲜活、有趣的教学情境能让学生的想象力丰富起来。多媒体技术图、文、声、像并茂，向学生提供形式多样、功能各异的感性材料，创设了良好的课文情境，为学生学习起到了很大的帮助。

例如，《雷雨》一课的教学中，老师可以这样创设情境：通过计算机中的图像、声音、动画，从表现形式上唤起学生对语言的主动感悟，从而体会词语运用的精妙。“渐渐的，渐渐的，雷声小了，雨声也小了”这一句中“渐渐的”一词，学生理解上有难度，教学中，教师让学生先听两组声音：一组雷声由大慢慢变小，一组雷声突然变小。学生比较听完后，马上指出第二组声音不对，可见学生主动地领悟到了雨的变化是从大到小慢慢变化的。接着，教师出示几组图像：太阳从海上慢慢升起，花儿慢慢开放，太阳从西边慢慢落下……让学生用“渐渐”说话。在多媒体课件创设的情境帮助下，学生主动感悟词语，积累词语，表达能力、阅读能力、写作能力、思维能力和创造能力同时得到发展。

所以，创设良好的教学情境，可以让学生处在和谐轻松的教学环境之中，能极大程度地调动学生的学习积极性，实现学生的全面发展，提高学生的阅读能力。

（三）开展迁移拓展式的语文教学模式

在阅读教学过程中，无论采用何种阅读策略，只有最适合、有效的，才是最好的。我们不仅可以在某一教学过程中运用一种阅读策略，还可以综合运用各种阅读策略，灵活运用多种阅读方法，让学生更好地理解课文，提升阅读能力。学生的学习都是以原有的知识积累为基础的。教师引导学生运用生活积累，采用了迁移拓展策略，使词语的内涵具体化、形象化。

四、小学语文阅读能力与现代教育技术结合

小学时期是一个孩子脱离家庭正式标志着自身成长的阶段，做好小学生的学习工作是广大的教育工作者的共同责任。小学的孩子理解能力尚未完全形成，对于世界的认知能力也有所欠缺，面对这种情况，小学的教学任务和教学工作会显得十分艰难。因此，在这个特殊的时期，老师需要从一些重点方面来突破难题。例如，紧紧抓住小学的阅读方面，努力争取让孩子们有所提高。“阅读是一种对未成年人的世界观、价值观、人生观都有良好促进的事情，通过这种阅读的体验，使得小学生拓宽了视野，增长了见识，同时也获得了平时获取不到的生活体验”①。

（一）提高小学生的阅读兴趣，重视阅读体验

小学正是一个学生尚未完全形成意识形态的发展阶段，针对这种懵懂期，作为老师要好好引导，而提高他们的阅读兴趣就是一个非常有效的做法。阅读是行走在别人的人生，是漫步在别人的世界，是观望着别人的精彩。因为阅读，学生的想法变多了，对于整个世界的认知有了与众不同，他们开始思考起来，开始从每一次的阅读体验当中寻找着自己生活的影子。阅读带来的乐趣是等同于一种理念上的重新再来，通过文字的描写，通过墨香的渲染，通过情感的抒发，让一切的阅读都显得那么自然顺畅。阅读带来的是智慧和知识，得到的是另类的生活觉悟，我们不仅看的是文字，我们还是在洗涤灵魂。

语文阅读体验本来就是让自己的思想与别人的思想去进行共鸣，一旦产生这种心灵相通的感觉，阅读者的整个思想都会受之影响甚至改变。当阅读成为一种习惯的时候，很多的未知都会成为学生不断去阅读的理由，不要担心书籍带来的阅读体验会没有意义和价值，因为每一段文字都是精力的荟萃。

（二）使用现代教育技术，增强学生学习技能

技术是最好的提高效率的方式，因为技术革命的发展，世界变得更加便捷，有了技术，好多的事情都能够有更加快速的方法去解决。作为现代化社会中的语文教师，能够学

①陈洁辛．小学语文阅读和现代教育技术的结合［J］．科普童话，2018，(38)：88.

会运用现代教育技术，把便捷的现代化技术引进课堂，这是一件非常好的事情。日新月异的世界总是需要不断地去适应且需要不断地去创新，如果能够在最佳的时机给予我们的学生最好的阅读体验，这会是非常好的促进。

例如，在提倡阅读的时候，我们可以运用现代多媒体的条件给学生呈现一种绝佳的视觉和听觉盛宴。而且，因为多媒体技术的多功能性，无论是对于课堂教学还是对于学生阅读体验都可以有良好的帮助。尽管这种技术具有一定的困难，但是教师必须认真地去学习，只有我们自己掌握了这种技术，才能更好地展现课堂效果，更好地引导学生，增强知识，拓宽眼界。只有适当合理地运用这些技术性的东西，只有学会正确地使用这些信息，只有能够激发学生的阅读兴趣，增加课堂教学的趣味性，才能使学生在思想层面获得非常值得的体验。

（三）创新传统模式，激发学生阅读的积极性

因为传统的教学模式无论是从技术上还是从理论上都存在着疏漏，很多时候对于新时代下的情况都没有办法去纠正，所以面对这种情况，我们必须要有所作为，对传统的陈旧壁垒进行大胆的破除，激发学生对于阅读的兴趣，不能因为最终的艰难就选择了开始的放弃。传统的模式纵然有所不足，但是总归是有可以借鉴的地方，所以在选择的时候要去粗取精。

例如，面对课堂教学模式的时候，不能直接批判它的好坏，一定要从多方面着手，明白现代教育技术的成功之处，也要重视反思自己的传统教学方式是否仍有缺陷。面对现在的形势，我们不得不重新审视传统教学方式，利用现代化技术的确是有利于小学教学工作的开展，这是毋庸置疑的，尽管其中的历史原因不好推测，但是对于时代的变化和快速发展本就是无可辩驳的。

随着时代的发展和社会的进步，语文阅读教学应该有更多的创新之处和开展之处。将现代教育技术引入语文阅读课堂，对于拓宽师生视野，激起师生发明力和想象力；优化教学办法，提升教学效率；激起学生的求知愿望，培育学生主动学习的认识；突破传统的教育壁垒，完成教育资源平衡化都发挥着越来越宏大的作用。

第二节　小学语文阅读能力培养中的家长联动

一、构建“书”香阅读的家庭氛围

“学生阅读能力的发展离不开家庭的熏陶，家长的陪伴。陪伴着孩子阅读，会进一步

激发孩子们阅读的激情、探究和创造的热情”①。在孩子的阅读过程中，根据不同学段学生的身心特点，从学生的兴趣点入手，与家长一道默契配合，形成合力，给学生创造一个良好的学习气氛，让他们感受到读书是愉悦的；保障学生阅读的有效时间，家校互补、融合，共同促进阅读习惯的养成。使孩子爱上阅读，阅读时勤思考、善问难、肯钻研，从而打开并丰富其内心世界，在潜移默化中提升孩子的阅读能力。

孩子的成长离不开书籍的滋润。大量的阅读主要在课外完成，这就要求每一个家长要尽量成为孩子课外阅读的有益引路人。家庭应是一个伴着浓浓书香的快乐之家，家长与孩子一起遨游书海，在读书中体验生活，在读书中学会勤思乐学，在读书中快乐成长。家长要结合学校推荐的必读书目进行认真研究，根据孩子的性格特点，找准孩子阅读的兴趣点，亲子共读，并在亲子阅读中不断总结读书的经验，形成一些适合自己家庭的读书方法，从而提升学生的阅读能力。家长言行引导，使孩子爱上阅读；引领孩子课外阅读，使阅读更持久；打开孩子阅读之窗，让孩子的未来更精彩。

儿童身处瞬息万变，一日千里的信息社会之中，到处充满着新知，除了亲身体会外，亦可经由阅读学习到知识。书中蕴藏着丰富的寓意，可以启迪孩子的思维，融入他们的人格养成，进而教导他们的行为。其实，亲子阅读最好的方式，就是陪着孩子一起读书，不管是家长和孩子人手一本书，还是共同阅读一本书，都会让孩子体会到阅读的庄严和重要性，父母的以身作则，亲力亲为，会在潜移默化中润物无声。在这样的环境中，孩子自然而然会把读书当成一件重要的事情来对待，并乐在其中，而通过家庭亲子阅读，在提升孩子阅读能力的同时，家长和孩子的感情将因共同阅读而产生心灵的共鸣，让亲子关系更加密切。

（一）家庭亲子阅读的作用

随着社会的发展，生活节奏日益加快，父母都非常忙碌，与孩子在家庭中接触的时间减少。但是，陪伴孩子阅读的时间，要得到充足的保障，因为亲子共读的魅力大，益处多。

第一，增进亲子情感。孩子自从懂事以来，最先接触的人，就是父母。所以，父母是孩子最好的老师。亲子共读分享书籍，就能分享彼此对阅读的感受，在无形中增进了感情。

第二，培养语言能力。热爱阅读的孩子，其语言能力比同龄人要更加出色，在听、说、读、写方面，远比不爱阅读的孩子更高，更懂得欣赏语言的美妙，更能从书中领悟深层的含义。

---

①吕珈臻．小学语文阅读能力发展策略研究［M］．福州：海峡文艺出版社，2019：197.

第三，增强沟通能力。自小培养与同伴或家人间的协调沟通能力，对于孩子而言，是一项极为重要的事情。孩子除了在日常生活中点滴学习外，还可以通过阅读书籍，从中获得经验和启迪，这是一种非常棒的体验。

第四，经验传承交流。亲子间共读书籍，就会发现，家长的成人视角和孩子的儿童视角，有交汇，有碰撞，有互补。亲子以不同的视角去看待生活中的事物，并彼此分享、交流及共同讨论，从中获得想法与心得，产生有趣、有益的共鸣，同时能相互解决问题与困惑。

第五，促进独立思考。阅读可培养孩子批判性的思考能力。亲子阅读时，家长的引导，会让孩子更好地吸收书中更深层的论证以及更好地把握故事的走向。在家长的引导下，孩子渐渐学会边分析边理解，形成自己独立的见解，具备独立思考的能力。

（二）家庭亲子阅读的障碍

要培育孩子良好的读书风气，形成良好的读书习惯，父母的作用尤为重要。因此，在推动家庭亲子阅读活动时，父母即使遭遇到一些困难和障碍，也应该迎难而上。在家庭亲子阅读过程中，可能会出现以下一些障碍。

第一，父母缺乏“以身示范”的观念。要培养孩子的阅读兴趣，可从树立良好的榜样开始。父母本身喜爱阅读，闲暇时手捧一卷，沉醉其中，孩子就会受到感染，对书本油然而生一种亲近喜爱之情。但是父母不能以身作则，对阅读毫无兴趣，则会造成父母言之无力，孩子听之无感，更不会产生亲子共读的想法，渐行渐远渐无书。

第二，父母未能多读给子女听。对于低段的小学生而言，要培养他的阅读兴趣，多读必不可少。儿童富于想象，敏于感受，所读的范围应该广泛。上自童话故事，下至玩具说明书，乃至路边的指示牌，都是现成材料。然而，如果父母只为孩子购置书籍，很少读书给孩子听，就会造成孩子阅读的一定缺失。

第三，缺乏各式各样的阅读材料。亲子阅读需要丰富的藏书，很多家庭通常没有为孩子购置品类齐全的书籍，没有向图书馆借阅或与亲朋好友交换传阅的习惯，不能弥补家里书籍的不足。

第四，主导孩子的阅读。兴趣源自愉快的经验，主导孩子的阅读，甚至对孩子的阅读过程进行自以为是的干涉，会使阅读成为一种痛苦的经历，是惩罚而不是享受，与兴趣成长的过程背道而驰，导致孩子产生逆反心理。到头来，孩子对阅读非但不感兴趣，还会心生反感，对阅读敬而远之。

第五，把孩子交给电子产品。电子产品对整个社会的影响无处不在，不少家长将孩子交给了电子产品，长此以往，孩子将缺乏思考和创造力。因此，电子产品对于亲子间培养阅读兴趣是非常不利的。

第六，欠缺温馨宁静的阅读环境。现今的家庭，一些家长忽略了应为孩子开辟一个阅读的空间，致使孩子无法拥有温馨宁静的阅读环境。《三字经》中有“孟母三迁”：孟母为了给孟子找到适合读书的环境，三迁其所，终于让孟子成为学究通人的圣人先哲。因此，如果一个家庭无法提供温馨宁静、舒适自在的阅读环境，亲子阅读活动无从做起。

（三）家庭亲子阅读的方式

阅读书籍，对孩子而言，是认识纷繁世界的重要渠道。每个父母都希望自己的孩子喜欢阅读，也期望孩子把这种愉快的经验，延伸到未来的成长阶段。亲子共享阅读的乐趣与经验，是激发孩子爱上阅读的重要方法。儿童在不同的年龄和发展阶段，需要各种不同的书籍伴着他们成长。因此，父母为孩子挑选适合其认知程度与兴趣的书籍，将是吸引子女喜欢阅读的关键。材料选定之后，亲子间可以开始阅读。

6~12 岁是阅读的丰沛期，孩子在阅读时不限题材，不拘类别，凡是新奇的、有趣的，他们都喜欢，特别是能够表现人生种种考验的故事，更能够满足他们。当他们碰到感动人的文字，他们会融入其中。对于六七岁的孩子，家长要每天坚持朗读故事。同时，更需要选择一些文字比较生动，蕴含浅显哲理，句子多变，情节较复杂和篇幅较长的故事朗读给孩子听。8~10 岁的孩子，对讲述学校和家庭生活的故事喜闻乐见，通过这些故事，孩子会产生强烈的共鸣，还能帮助他们解决生活中遇到的问题。因此，父母应为孩子选择其爱看的书，情节和人物较复杂，不同种类的书。对于 11 岁、12 岁的孩子，父母应该准备一些能帮助他们探讨价值观和道德观的书籍。另外，故事性和趣味性强的杂志和报纸，也是阅读重要的、有益的补充，亲子可以共同阅读探讨。

亲子阅读对于每一个家庭而言，除了可以让孩子增强语言能力及知识、提升写作能力及独立思考外，更能增进情感交流，让家庭温馨和睦。如何有效推动家庭亲子阅读，是一件不能回避，且要全身心投入的大事、要事。家长要行动起来，为亲子阅读这块园地辛勤灌溉、倍加努力。

（四）家庭亲子阅读的策略

1. 陪伴：打开阅读之门

孩子的阅读，一开始是从听故事开始的。很多时候，家长是一边看书，一边给孩子讲故事的，在陪伴孩子读书的同时，自己也经历了一次心灵的洗礼，仿佛又重新体会到了童年成长的乐趣。和孩子一起读书，一起在书中感受故事的精彩，词语的优美，一起回味生活的千滋百味，体验自然的美妙天成，探索科学的奥妙和神秘，让孩子感受到读书的乐趣。让书深深地吸引着孩子，吸引着他打开阅读之门。

陪伴孩子阅读，首先要做的是找到孩子的兴趣点，并以此为出发点，找一些相关的，充满童趣的书籍，和孩子共同阅读，拓宽孩子的知识面，让孩子的思路变得灵动起来。孩子遇到问题时，会不断提出疑问，而为了解决这许多的为什么，他就愿意去看更多的书，探究问题的答案，而寻找答案的过程本身就是一种兴趣的激发。在这个过程中，会涉及他以前不感兴趣或未曾关注过的领域。探索就是一种乐趣，能拓宽他的兴趣面，长此以往，孩子的阅读习惯就会形成良好的循环。对每个孩子来说，书本丰富了他们的生活，为他们提供了无尽的想象。作为家长所要做的就是正确引领孩子去阅读，让他们发现阅读是一种有趣的、愉快的经历。激发他们读书的欲望，以形成良好的读书习惯，这是做家长的责任。就算工作再忙，也要抽出一点时间和孩子共同读书，在充满亲情的氛围中，与自己的孩子一起沉醉于书的世界里，享受读书带来的快乐。

2. 环境：营造阅读的氛围

亲子阅读的环境会使阅读的过程更加愉悦舒适，好的环境会让孩子更加享受阅读的过程。家长应为孩子建构一个小窝，一个阅读的天堂，为孩子创设舒适惬意而又童趣化的阅读环境，以吸引孩子进来阅读。在家中选一个采光良好的房间或角落，布置成暖色调，在地上铺一块卡通图案的地毯，准备一个小书架，几张舒服的小沙发，孩子选取自己喜爱的书籍，坐在舒服的沙发上或松软的地毯上，放松自在地去阅读。墙壁上可依据孩子的想法，布置成一个童话的世界，书本可以或开或合地放置在书架上，使整个空间充满闲适和温馨的味道。家中如果有这样一个童话般的读书角，孩子一定会有强烈的阅读欲望。有了好的环境，还需要有吸引孩子的好书。家长应该对孩子的读本进行精心挑选。家庭藏书应立足“有趣”和“实用”。一般而言，家长可以选择能够引起他们共鸣、唤起热情向往和兴趣的书，如童话、神话、民间故事、历史趣闻等，若是第三学段的小学生，还可以为他们准备一些阅读性、趣味性强的杂志和报纸，进一步开拓孩子阅读的宽度和广度。

3. 共享：让亲子阅读零距离

在阅读的过程中，要耐心地回答孩子提出的各种问题，或者也不必急着回答，根据孩子的问题反过来向他提问，启发他主动思考，引导他说出自己的见解，要允许孩子有不同的看法，哪怕其想法是粗浅的，幼稚的。耐心的解释，热烈的讨论，是彼此思维和观点的碰撞，能激发孩子的思维向深处蔓延。倘若仍然无法达成共识，可以再一起查资料，再看书，寻求最佳答案，这样的过程会让孩子印象深刻，且富有成就感，阅读的兴趣也会越来越浓厚。此时，家长和孩子之间会越来越有默契，共同感受书籍带来的喜怒哀乐；同样的心情让家长和孩子贴得更近，越发像朋友那样亲密无间，无话不谈。家长在陪伴阅读中，就可以零距离感受孩子思想和心境的变化，有利于及时调整教育的方式方法，从而为孩子创造良好的学习环境，家庭环境。其实孩子的成长，也是家长们的再次学习，再次成长。

榜样的力量是无穷的，家长从自己做起，在闲暇时，捧起一本书，静静地品读，孩子就会在潜移默化中受到积极的影响，从而给孩子创造一个极佳的读书氛围，具体有三种做法：一是规划阅读时间。晚上 8~9 点作为亲子阅读的固定时间，这个时段是晚上的黄金时间，而且孩子已完成当日的作业、预习完功课，家长也忙完了家务事，一家人一起在书海中畅游，享受读书的乐趣。二是做好导读准备。根据孩子的读书水平，将全书划分精读、选读、略读不同区域，重点让孩子阅读书中的精华内容，因为阅读时间不长，还要注意编排，阅读时注意寻找书中的悬念，适时吊一吊孩子的胃口，增加阅读的趣味性。三是开展一些亲子游戏，能够有效地密切亲子关系。分享阅读时，孩子可以和家长扮演各自喜欢的角色，将文字变成有趣的表演，逐渐在孩子的脑海中形成一段段鲜活的影像，融入故事人物的世界。

通过读书及一些拓展游戏活动不仅增加了孩子对读书的兴趣和对事物的感性认识，也使孩子获得了大量的知识经验，更重要的是为家长与孩子提供更多一起共享快乐的机会，从而进一步密切了亲子关系。

读书是与智者的对话，也是心灵的旅行。陪伴孩子阅读，不仅使孩子从被动读书慢慢转变为主动读书，家长也会从被动的陪伴慢慢转变为主动陪伴，促使家长不断改进教育的方式方法，进一步激发孩子们阅读的激情、探究和创造的热情，使孩子们与书为友，与家长为伴，在读书中健康快乐地成长。

二、重视对学生课外阅读的指导方法

只有通过大量阅读，才能加强学生的语言积累、知识积累、实践积累，培养语言能力，激发创作灵感，陶冶情操，逐步学会阅读，爱上阅读，进而提高思维能力和运用语言的能力。“课外阅读是学生知识积累的重要途径”①，课外阅读习惯的养成，重要性不言而喻，而课外阅读习惯的养成任重道远。教师要营造良好的语文课外阅读环境，由课堂延伸到课外，拓展阅读的宽度和广度。教师深厚的积淀，幽默的语言，能有效地激起学生浓厚的课外阅读兴趣，从而为指导学生掌握正确的阅读方法，让学生持久有效地坚持课外阅读，提升学生课外阅读的能力和素养。

---

①杨志勇．让阅读成为“悦读”——浅析培养小学生课外阅读习惯的方法［J］．新教师，2022(1)：44.

（一）重视课外阅读指导，培养学生的阅读素养

重视课外阅读指导，激发学生阅读兴趣，指导学生养成良好的课外阅读习惯，针对学生能力选择不同的读物，指导学生运用正确的阅读方法，培养学生阅读素养。一个人的阅读素养的高低，关键在于个人阅读积累的厚实程度。当阅读积淀到一定程度时，就会在人身上形成一种富有个性的文化底蕴，而积淀最有效的途径就是广泛阅读。因此，要培养学生的阅读能力，单靠课内阅读是不够的，必须加强课外阅读指导，具体策略如下：

1. 通过榜样的力量来培养学生阅读素养

榜样的力量是无穷的。首先，教师要储备丰厚的知识，才能以身作则，为学生作出榜样。在课堂上，教师能旁征博引，语言幽默风趣，好词佳句能娓娓道来，让学生从教师身上真切地感受到读书的价值和魅力。学生会因为老师的博学多才而发自内心敬佩老师，才会"亲其师，信其道"，不知不觉地爱上阅读。其次，还可以向学生们介绍适合他们年龄特点的儿童读物，吸引学生的阅读注意力，从而激发学生的阅读兴趣，爱上读书。

2. 通过经典课文来培养学生的阅读素养

以教材为引，延伸拓展学生的阅读广度和宽度，能够达到激发学生阅读兴趣和拓展学生阅读广度的双重目的。根据每一单元的主题，教师可有目的地选择一些和课文类似或相关的文章推荐给学生阅读。例如，可以通过介绍书籍、观看影视作品等方式，让学生感受古典名著的文字魅力，并在有声有色的画面中，配合教师的课堂教学，激发学生阅读古典名著的兴趣。这样一来，既有利于激发学生阅读的兴趣和愿望，又能提高学生的阅读能力和认知水平。

3. 通过班级图书角来培养学生阅读素养

要想读好书，必先有好书。每个学生家庭购买的书籍毕竟有限。在学校的图书室里，也不可能每次都能借到自己喜爱的书。班级图书角很好地为同学们创造了大量阅读的机会。一方面，好书可以大家分享；另一方面，方便了大家交流。孩子们阅读了同一本书，在进行阅读交流时就会有话可说，还可以相互谈论自己的阅读收获和阅读感受，相互启迪，读书兴趣和效果会显著提高。

4. 通过读书活动来培养学生的阅读素养

为提高学生的阅读积极性，扩大阅读效果，教师通过精心组织开展丰富多彩的阅读实践活动，来展示课外阅读的成果，让学生品尝成功的喜悦。一是经常组织故事会和朗读、演讲比赛，通过读、说、演，加强课外阅读指导，展示读书成果，同时提高学生的口语表达能力；二是上好阅读汇报课和阅读经验交流课，让学生把自己喜爱的读物介绍给同学，

可以介绍读后感，介绍书中的人物，展示自己的阅读成果，互相汲取营养，共同成长；三是定期举办读书笔记交流会，让学生互相学习，取长补短；四是中高年级学生编写阅读手抄报，内容可以是好书推荐、精彩片段、作者生平、阅读感想等；五是组织亲子读书活动，通过父子之间，母子之间的读书互动，培养孩子的阅读兴趣。

采取多角度、多层次、多种形式，让每一个学生都有展示自我的机会，使他们在成功的阅读体验中获得心理上的成功感受，在活动中培养阅读兴趣，形成阅读习惯，润物细无声。

（二）重视课外阅读指导，提高学生的阅读素质

阅读教学是语文素质教学的重要组成部分，在语文教学中实施素质教育，提高学生的语文素质，仅靠课堂教学远远不够，还必须积极开展课外阅读。它有助于学生从各种材料中摄取创造性成分，获得养料，培养创造能力和创造精神。课内阅读和课外阅读是阅读教学的重要部分，二者是相辅相成的。教师不能只重视课堂教学而忽视了课外阅读。忽视课外阅读易导致学生囿于狭小的“课本”空间，视野窄小，导致在课堂上回答问题答案总是缺少新意，作文总是千篇一律，假话、空话和套话大行其道。“书多读，才能见识广博”，而这正是课外阅读所承载的任务。随着素质教育的不断深入，课外阅读越来越受到老师的重视，课外阅读能够有效地开阔学生的视野和心胸，提高学生的知识储量，也是学生开眼看世界的有效途径。但是，由于受到长期以来传统教学方式的影响，教师在语文教学时，还是会忽略对学生进行课外阅读指导，造成学生语文的素养水平提升难。因此老师在保证正常教学的同时，要加强对课外阅读的指导，提升学生的语文素养。

1. 通过创新内容提升学生对课外阅读的关注

提升学生的语文素养水平，最好的方式就是提高学生的阅读量，如果学生意识到课外阅读重要性的话，进行课外阅读的积极性和热情也就有了，提高了学生参与课外阅读的自主性，降低了老师进行指导的难度。

（1）穿插故事，激发兴趣。小学生最重要的一个特点就是爱听故事，因此教师在语文课堂中联系文本穿插故事时，学生的注意力都非常的集中，被精彩的小故事深深吸引，从而想要知道更多的故事内容。

（2）因材施教，因生而异。学生之间由于个体之间存在的差异，在学习的表现上也存在着很大的不同，因此老师在制定课外阅读的要求时，要因材施教，根据学生自身的实际情况进行，以满足各个层次学生的具体需求。如果老师对于课外阅读要求过高的话，会超过部分学生的能力，导致学生完成不了课外阅读的任务，打击他们课外阅读的积极性，造

成反效果。因此老师在课外阅读要求制定的过程中，要因材施教，确保制定的课外阅读的要求都能够满足不同水平学生的需要，从而保持学生的课外阅读积极性，提高学生进行课外阅读的兴趣，以提高学生的课外阅读水平。

(3) 陶冶性情，开阔视野。指导学生加强课外阅读，是陶冶他们性情的一个好方法，这样既有利于对学生进行思想品德教育，使他们树立正确的人生观，还可以培养健康的审美情趣。学生生活在学校、家庭，也生活在社会上，形形色色不健康的思想必然也会渗透到他们的精神生活中去。教师很有必要指导学生在课外阅读思想进步的书报，例如，阅读名人传记以及可歌可泣的英雄事迹的报道，可让他们从中学习先进人物的思想品德，这些英雄志士的形象也会潜移默化地影响他们，有利于他们树立正确的人生观；而引导学生看有关文学、美学、音乐、绘画等书籍，可以从多方面培养学生健康的审美情趣，使学生的身心得到和谐发展，成为具有崇高情操和富有实践能力的人。

课外读物纵横古今中外，浩如烟海。唯有靠课外广泛的涉猎，来弥补课堂学习的不足。书读得多了，就能使学生广泛地接触自然科学、社会科学，这自然就开阔了他们的视野，拓宽了他们的知识领域。引导学生阅读自然科学和社会科学的书籍，就会学到很多科学知识。如爱读天文学方面书籍的，可饱览天文学的知识，增加对人类探索太空的历史和现状的了解，从而激起探索宇宙奥秘的兴趣；爱读时事政治书刊的，就能了解到国际政治局势、国内的政策变化；爱好文学的学生会开阔文学视野，扩充文学知识，丰富文学底蕴。

2. 活用语文的课堂平台，指导阅读教学策略

小学阶段是孩子吸收精神营养的黄金时期，教师不仅要培养孩子的阅读兴趣，更要引导孩子在阅读中提高各方面素养。教师应当利用课堂教学传授阅读文章的一般方法，让学生把阅读策略运用于课外阅读的实践之中。正所谓得法于课内，得益于课外。只有养成良好的阅读习惯，掌握正确的阅读方法，才能有效地提高课外阅读的效果。

(1) 以“写”促学，学以致用。要让学生的阅读素养得到切实的提高，就必须沉淀语言，汲取丰富的文学养分。古今中外的经典文学名著都是经受过时间的验证，文字中无不凝聚着人类的智慧和情感的精华，这些经典著作中，刻画人物时，细腻得如同一幅幅艺术画卷呈现在眼前，直击人的心灵；环境渲染时，那美轮美奂的描写，让人如临其境，沉醉其中，这一篇篇经典，都为孩子作出了一个典范，值得孩子细细地品读，细致地品味。当孩子读到这些极富想象力和创造力的语言，不仅会开阔孩子们的视野，还将感染他们的心灵……当他们与这些精彩的篇章邂逅时，他们的身心不知不觉地就会受这些优美语言的感染，经典文化的熏陶，从而积累并丰富自己的语言，在幼小的心灵中深深植根，为今后的文学创作奠定坚实的基础。让学生边阅读边画出好词好句，并誊抄下来。不仅可以提高学生的阅读效率，而且对于提高学生的文学素养也是很有好处的。教师可以鼓励学生把每天阅读时看到的好词好句摘抄下来，积累在阅读积累本中，并且利用课堂平台，引导他们在恰当的时机灵活运用。当学生在发言或者在写作过程中运用了这些词语时，就给予充分肯定，让他们感受到“学以致用”的乐趣。

（2）“画”中感受，加深理解。让孩子们把所读书中自己喜欢的人、物、场景或故事用自己喜欢的一种方式画出来或者描述出来是一件很有创意的事情。陈江春老师在几年高年级的课外阅读探索中，尝试以阅读策略教学为支点，以人物传记为载体，通过让学生运用“文字画面互转法”，展开丰富的想象，深入体验和感悟，把看不见的、不容易理解的，变得看得见、容易理解；把阅读材料的文字，变成生动立体、充满张力的画面。“文字画面互转法”给学生提供了一个想象的空间，让学生结合自己的生活经验与感受描述画面，培养了学生的灵活性和创造性，促进学生创新思维的发展。使学生从文字思考拓展到图像思考，甚至是影像思考。使学生的阅读理解更富创造力，充分开发学生的阅读潜能。

“文字画面互转法”是阅读教学的一种新尝试，能加深阅读理解，启发阅读联想，促进语言运用，开发阅读潜能。激发了学生学习的主观能动性，训练了学生良好的语言风格品位、赏析人物特点，感受人物丰沛的情感。

（3）“演”中渐悟，提升能力。从阅读到表演有着质的飞跃，只有深刻细致地研读文本，只有学生走入了主人公的内心世界，才能生动形象地把书中的人、景、情表演出来，他们的表演才有张力和感染力。故事里那些生动的、极富传奇色彩的人物，那些生动有趣的故事会像磁铁一样深深地吸引住学生。例如，《小嘎子和胖墩摔跤》中的小嘎子和胖墩，他们的内心活动通过一系列的摔跤动作呈现出来，值得细细品味；《冬阳·童年·骆驼队》中的小林海音看着骆驼，认真学骆驼咀嚼，我们仿佛透过她清澈天真的眼神，看到童年岁月中那条纯净的蓝河，在孩子们的心间流淌；《鲁滨逊漂流记》中，我们又好像跟着“鲁滨逊”一起去经历一次次惊心动魄的冒险。这些生动有趣的故事是学生课本剧表演的丰富素材。

如学生读了《小嘎子和胖墩摔跤》以后，在阅读交流课上让他们根据书中描写摔跤的片段来表演。结果，学生很快就进入了人物角色。通过丰富的肢体语言，精彩的情境再现，真切地走进人物内心，感受到了人物品质。因此，读后的课本剧表演的确是阅读交流的一个更高的层次，一种更有趣的形式。

（4）“说”出感受，触动心灵。教师在培养学生阅读理解能力，丰富学生阅读联想能力的同时，还可以利用丰富发展学生的口头表达能力，促进语言运用，有利于孩子阅读运用能力的培养。孩子的阅读热情被充分点燃，阅读时能细致地揣摩书中人物的一举一动，一言一行。这样的分享既是“不吐不快”的需要，更是班级阅读氛围“速浓”的催化剂，会激发其他同学的阅读兴趣。同时，通过引领学生从不同角度、多种形式让学生来走近这些优秀的人，使学生的心灵深受高尚的灵魂涤荡，从而树立正确的人生观、价值观，感受高尚的人格魅力。在无形之中，为学生开辟出一片片创造的天空，让他们有机会运用课外阅读的收获，享受阅读的乐趣，提高语言运用能力。

在小学生语文课外阅读指导中，要养成学生良好的语文课外阅读习惯，要重视抓好开端，由易到难，逐步养成。向他们提出不同的阅读要求，做到有计划的循序渐进。然而要培养学生的语文课外阅读能力，不可能一蹴而就，要根据不同学段的学生的身心特点，从学生的兴趣点入手，循序渐进，持之以恒，培养学生“理解想象”“运用创新”“评价鉴赏”“体验感悟”的阅读能力。

三、通过家校配合方法开展阅读活动

小学阶段是儿童阅读的黄金时期，海量阅读、大幅度提高阅读能力是非常重要的。那些阅读量大、效果佳的孩子们综合能力提升快、视野开阔、潜力无限。而孩子的阅读活动更多发生在家庭，如何激发并促进家庭对孩子课外阅读的影响，让家长意识到课外阅读能力培养的重要性。学校教育外，家庭对孩子的成长会起到非常重要的作用。而通过家校配合、互动引领，是比较有效的儿童课外阅读兴趣培养的方式。家校配合，互动成长，是以教师为核心，优化设计、整体策划学校与学生、学校与家长、学生与家长、学生与学生、家长与家长的阅读互动活动。家校合力，培养学生养成良好的阅读能力和习惯，共同促进学生课外阅读的可持续发展。让孩子们的未来拥有更多可能。

（一）家校配合是培养学生语文阅读能力的基础

1. 教师阅读指导为学生课外阅读提供保障

当然，只是在家里阅读还不够，因为小学生的阅读辨别能力不强，如果教师不给出一定的指引，那么就会产生一些阅读问题，例如，学生阅读因偏向自己的喜好而读到一些没有营养的书，还有学生的阅读速度太慢和阅读方法不对造成对阅读的厌烦。这些问题都可能会产生，在这种情况下，教师的阅读指引就非常重要了。

首先，对于不能读好书的问题，教师应该在课堂中有意识地拓展阅读，激发学生阅读兴趣，推荐阅读书目，这些书可以是从课本中延伸出来的，这样学生还可以在阅读的过程中加深对课本的理解。例如，教师在讲授《七律·长征》这首诗的时候，诗篇较短，但里面有很多可歌可泣的故事，从中延伸出来，挑选一些精彩的、学生喜闻乐见的故事讲一讲，一方面可以让学生更深入地了解长征的历史背景；另一方面可以激发学生的阅读兴趣。因势利导地推荐学生去看一本书——《地球上的红飘带》，这本书中对于这段历史的全过程有着详细而生动的记录，这样教师就相当于给学生提供一些书目，让学生在课下阅读的时候可以参考，这就可以避免读的书不好的问题了。

其次，对于阅读能力不强所造成阅读效率不高的问题，教师应该在课堂上讲授一些提高阅读能力的方法，例如，在学生阅读课本上的文章时，像《白杨》这样特定历史时期的文章，教师就应该让学生先了解时代背景，为什么当时的人们会主动投身祖国边疆，为祖国的边疆建功立业，这样才能读懂这样的文章，明白当时的建设者们的爱国情怀和无私奉献的精神。同样，如果学生在课下阅读同类型的文章时，就可以按照这样的方法阅读，从而提高自己的阅读能力。

2. 家校合作为学生阅读能力培养插上翅膀

教师课堂上的指导以及家长在家庭中的氛围创设，在一定程度上为培养学生良好的阅读习惯打下基础，如果能够让课堂和课后的阅读齐头并进就更好了，这样的阅读不仅更有针对性，而且更加高效，对提高学生的阅读能力有很大帮助。如何让阅读保持课上课下的统一性，教师就是解决这个问题的重要角色，教师要有针对性地布置课下的阅读内容，并让家长配合，监督学生完成，家校合力，让课后培养学生的阅读能力成为课上的一种延续。例如，在学习《桃花心木》这篇文章之前，教师可以安排学生自己阅读，并且布置一定的问题，如了解作者林清玄的写作历程和幕后故事，让家长监督和反馈，学生在家里也可以很好地完成阅读任务。然后在讲授这篇文章的时候，教师可以问："这篇文章的主人公是谁，读了这篇文章大家有什么感想？文章中有没有哪一个部分很特别？"请学生结合课前的阅读来交流。这样可以检查学生的课外阅读情况，根据学生课前阅读的效果与家长进行定期的沟通和交流，让双方对学生课下阅读的情况都有一个清晰的了解。

另外，还可以借助网络平台，经常与学生家长开展阅读教育的探讨，对于阅读能力比较好的学生的家长可以让他交流自己在家里是怎样培养孩子的，对于一些教育经验较为薄弱的学生家长就可以通过平台的交流，了解别的家长的看法和建议，调整自身的阅读教育方式。通过这样不同的交流模式，可以使家长们对培养学生阅读能力的好方法更加熟练，并不断地改进、优化、提升，保持课堂与课下阅读的统一性。

（二）家校配合视域下的学生自主阅读能力培养

小学生在进入校园后开始系统性地接触语文知识，这一阶段语文教师的主要任务是帮助学生们认识到语文学习的重要性，培养他们对语文知识的兴趣，并形成语文学习方法。课外阅读是小学语文培养中非常重要的一环，当学生们具有了较强的阅读能力后才能够更好地理解语文文字背后的深刻含义，同时也有助于学生们提升自己的写作能力及表达能力。小学生课外阅读培养能够有效拓宽学生们的阅读量，帮助学生形成自主阅读兴趣及能力。

课外阅读是培养学生自主阅读能力的有效手段，而自主阅读能力的强弱则直接关系到学生们获取知识能力的高低。小学生正处在情、智两商培育和人格塑造的关键时期，课外阅读及自主阅读能力的培养能够帮助学生提升情、智两商，并塑造良好的人生观、价值观和世界观。小学生语文阅读能力的培养是一个比较复杂的过程，在这个过程中，学生的家长扮演着重要的角色，特别是家长对于教育看法、教育理念和个人阅读爱好等情况都会对学生产生直接影响。现阶段大部分小学语文教师对于阅读教学的认识都停留在从课堂知识传授为主，而且过于看重学生语文成绩，认为学生阅读能力培养要围绕学生们的阅读成绩与阅读效果来展开。

部分家长受到现今社会环境及自身理念影响，不够重视家庭阅读习惯的培养和家庭阅读氛围的营造，与教师的沟通不多，也未在家庭环境中采取有效措施培养学生的课外阅读习惯及自主阅读能力。例如，部分小学生受到学校和家庭环境影响，未能够形成课外阅读意识及自主阅读能力，没有自我选择的意识，完全依赖教师和父母推荐的课外阅读读物，还有一部分学生则完全不知道如何选取书籍，进行系统阅读，很多家长在购入课外书籍后没有指导孩子阅读，造成学生被动选择，被动阅读，很少真正进入课外阅读，课外阅读训练处于停滞不前的状态。

小学生还未能够形成强烈的自我意识，他们在很多时候会受到教师和家长意识及行为的影响，大量的课后作业及各种辅导班、兴趣班占据了学生们的业余时间。小学语文课外阅读及自主阅读能力培养现状不容乐观，教师们安排的课外阅读练习完全被学生当成一种作业被动完成，而家长们自身阅读习惯的缺失及对课外阅读培养重视的缺失都导致学生自主阅读能力培养效果较差，很多学生甚至对课外阅读完全缺乏兴趣。所以教师应与学生的家长建立常态化交流，让家长配合监督学生在课外完成教师所布置的阅读任务，这样学生就可以在课下提高自己的阅读能力，还能养成一定的阅读习惯。学生自主阅读能力培养的措施具体如下：

第一，培养课外阅读兴趣。小学生们处于行为习惯养成的关键时期，教师及家长应该积极沟通和互动，从家庭和学校双方面入手，为学生营造一个良好的阅读氛围。鼓励学生阅读，积极为学生推荐有助于他们成长的课外读物，设立家校阅读协会或定期开展阅读分享会等活动，使得学生们逐渐认识到做好课外阅读的重要性和紧迫性。

第二，创造良好阅读氛围。学校和家庭是对学生影响最大的两个场所，学生们每天的主要活动区域和时间都集中于这两个地方。要营造良好的阅读氛围，教师和家长应该进行有效交流与沟通，交流场所不应局限于家长会或家访，教师及家长可以通过腾讯QQ或微信等网络平台进行沟通交流，针对学生课外阅读教育情况进行深入沟通。教师和家长要通过共同的努力为学生们创造一个良好的阅读氛围。

第三，辅导方式要有创新。小学生课外阅读内容的选取直接影响到学生们学习兴趣的养成及自主阅读能力的培养，教师和家长要尽量选取一些具有趣味性并且符合小学生阅读能力的名著开展课外阅读，教师与家长的有效沟通和互动能够保障阅读内容选取的科学性与有效性。在学生们开展课外阅读过程中，教师和家长不要过度指导，要给学生充足的自主阅读时间。当学生们阅读时遇到难题，向教师和家长寻求帮助时，我们要引导学生主动思考，鼓励学生通过查阅资料等方式解决他们的疑问，通过这种辅导阅读方式可以有效提升学生们的自主阅读能力。语文课外阅读培养及自主阅读能力提升对于小学生教育具有非常重要的意义。教师与家长应该展开积极合作和互动，有效推进学生课外阅读兴趣提升，进而实现自主阅读能力发展。

（三）采用家校配合的方法来开展语文阅读活动

1. 家校通过沟通用精彩内容吸引学生阅读

书籍是学生成长的精神食粮，我们应该关注孩子的心灵成长，结合孩子的兴趣，引导他们进行高品质阅读。

（1）学校图书馆。图书馆中的很多藏书，是每一学年班主任依据阅读书目以及孩子们的兴趣精心挑选而来。这些书籍深受孩子们喜爱，每天下午放学后，都有很多孩子迫不及待地到图书馆去借阅书籍。

（2）家庭书吧。教师会主动推荐一些适合本学段孩子年龄特点的经典书籍给家长，由家长自行购买放在家庭书吧，供孩子选读、品读。

（3）班级图书角。根据每个学段的班级具体情况，充分利用图书角的阅读功能，由教师和家委会成员共同讨论确定将适合的书籍放在班级图书角，供学生阅读。

（4）流动图书角。学校和家庭一起努力为孩子们准备经典好书，为孩子们的阅读时光提供了丰富的内容。渐渐喜欢阅读的孩子们渴望与小伙伴和老师分享自己的阅读心得和快乐。于是，学校的“流动图书角”应运而生：孩子们将读过的好书放在流动图书角，推荐给其他小伙伴，分享共读一本书的快乐。这样的阅读环境，让孩子们随处都可以读到好书，静静地与好书交朋友。促使孩子们更自觉地去探索丰富多彩的阅读世界。

2. 保障时间，坚持促进学生阅读习惯养成

儿童时期是培养良好阅读习惯的最佳时期，为了帮助孩子养成良好的阅读习惯，要保

障阅读时间，家校互补，促进阅读习惯的养成。

（1）开设校本阅读课。图书馆阅读课程分为三类：图书馆课、阅读课和午间阅读。图书馆课，由图书馆教师执教，重点是指导孩子认识图书馆，了解图书馆借阅规则，学习如何使用图书，了解书的结构与功能。班级阅读课，由语文教师授课，主要包括原生态阅读、读前指导课和读后交流课。午间阅读，利用每天午间休息时间进行，根据不同的年级特点，设置多种阅读方式：低年级主要是以家长、教师讲故事的方式进行阅读；中高年级主要是学生自己举行阅读与读书分享会，以及孩子邀请家长一起表演故事或者分角色朗读故事。

（2）倡导亲子共读。班主任与家长沟通，在班级网络平台上提倡“亲子阅读”，引导和鼓励家长抽空和孩子一起读书。由教师提供一些好的亲子共读建议，例如，家长与孩子比赛，谁有时间谁看，看谁看得快，谁看完一部分都要给对方讲一讲看了哪些内容；在阅读过程中，家长和孩子互相讨论、交流，提高了孩子的语言表达能力；家长给孩子读一段，让孩子享受倾听的快乐，然后共同讨论书中的故事、人物、语言，让孩子养成读书，讨论，思考的习惯；边读边记，把看到的好词好句画下来，注重引导孩子记录好词好句，让孩子逐步养成了用心读书的习惯，而不是光看故事情节。与孩子一起共读不仅是分享快乐，同时也要分享困惑。孩子不懂的地方家长可以谈谈自己的理解，或与孩子一起查资料。通过这样潜移默化的阅读分享，家长和孩子都在阅读中增长了知识，训练了思维能力。让孩子与书为友，与书为伴，在读书中健康快乐地成长。

（3）周末阅享时光。每个周末，家长带着孩子到市、校图书馆享受阅读时光，并拍下他们惬意阅读的照片，教师将照片收集整理，放到学校网站和班级网络平台，进行推广，以吸引更多的家长与孩子共享周末阅读时光，让阅读得到更好的推广。

（4）举办家长故事会。“家长故事会”是亲子共读的一种形式，能很好地激发学生阅读的兴趣。家长将自己与孩子亲子阅读的经历、故事带进校园，用精彩的 PPT 课件生动呈现，与孩子们一边看图、一边听故事；有的家长根据故事中的角色，制作了相关人物服装，与孩子们现场排演故事。形式多样的阅读分享方式，深深地吸引了孩子们，极大地激发了孩子们的阅读兴趣。

有了阅读时间的保障，孩子们更加喜欢阅读，他们逐步掌握了阅读的方法，通过交流，增强了阅读的兴趣，良好的阅读习惯就这样在孩子们心中生根发芽，悄然成长。

总而言之，小学教师要重视对学生课外阅读能力的培养，与家长一道默契配合，形成合力，给学生创造一个良好的学习气氛，让他们感受到读书是愉悦的；保障学生阅读的有效时间，家校互补，促进阅读习惯的养成；不断摸索行之有效的阅读指导方法，使孩子爱上阅读，阅读时勤思考、善问难、肯钻研，从而开启并拓宽自己的内心世界，在潜移默化中提升阅读能力。

第三节　小学语文阅读能力培养中的学校促进

“阅读能力是学生摄入新知的主体能力，对学生终身学习、长效发展能起到积极促进作用”①。在新时期，培养小学语文阅读能力是社会基于人才需求，对基础教育发出的呼唤。大力发展学生阅读能力是当前语文学科教育的主流趋势。

一、革新阅读机制，强化学生自主阅读动机

阅读机制之新在于唤醒学生阅读兴趣，增强学生阅读动机。兴趣是第一驱动力。在新时代背景下，整本书阅读、趣味阅读成为小学语文教学的重大教改举措。增加学生阅读量，发展学生整本书阅读能力的关键在于激趣。教师可以从阅读机制入手，借助趣味性阅读机制鼓励学生自觉、主动地参与到自主阅读中去，在量的积累和周期的坚持下逐步养成阅读的良好习惯，在长期阅读中提升阅读品位，强化阅读素养。学校可以设计主题活动机制，以班级主题趣味活动号召学生积极参与，协同阅读，相互提醒，共同进步。常见的班级阅读主题活动包括阅读问答、读后感征文或演讲、读书汇报主题班会、兴趣小组、班级文创、雅集活动等。此外，教师还可以借助打卡互动、小组竞技比拼等形式鼓励学生坚持阅读、相互提示，以阅读习惯满足个体荣誉感和学习成就感，进一步丰富学生阅读的动机。

二、创新阅读渠道，启迪学生时代阅读智慧

新时代的阅读能力教育之“新”还体现在阅读渠道方面。阅读渠道之新为学生自主阅读提供更多选择方向。在新时代背景下，整本书阅读不依靠书面材料，电子化阅读更快捷方便，易于操作；海量阅读主题 App 附带思维导图、书评、梗概、解析鉴赏、书友互动等功能，能进一步延展学生阅读思考，强化学生阅读有效性；且互联网+能为学生提供优质群文阅读资源，为学生自主查阅、选择阅读材料提供便利。诸多丰富的信息技术能大幅度扩充学生阅读渠道，调动学生阅读兴趣，培养学生线上阅读习惯，更能为学生启迪时代阅读智慧。

综上所述，学校可以借助新阅读机制强化学生的阅读动机，以积极情感培养阅读习惯；教师可以遵循革新发展原则鼓励学生探究创意阅读方法，使学生阅读思路呈现多元发展的态势；学校可以立足信息技术新视域，充分发挥渠道优势，启迪当代学生的新阅读智慧。

①柳慧霞．新时代小学语文阅读能力培养：机制、方法与渠道［J］．基础教育论坛，2022（36）：63.

第五章　小学语文阅读能力培养的方法进阶

第一节　小学语文多元文体阅读能力与意识培养

一、小学语文多元文体阅读能力培养

（一）诗歌文体阅读能力的培养

诗歌是文学史上最早出现的一种文学体裁。早期，诗是和乐而唱的。随着社会的发展，虽然诗已经不再以唱的形式传播，但人们仍习惯地称之为“诗歌”。

诗歌的特点表现在诗歌的外在和内在两种形式中。诗歌的外在形式指的是诗歌呈现在外、能够被感知到的形式，会从视觉和听觉这两方面给鉴赏者带来特殊的感受：①视觉感受，诗歌的语言排版大多简洁明了，句式排列有规律可循；②听觉感受，诗歌在表达的时候节奏清晰，字字分明。诗歌的内外形式通常均是以相互交融的形式来突出诗歌的特征。诗歌是为表达诗人对事物的感受和领悟所产生的情感和想法。诗人能够将抽象的思想情感通过事物来将其具象化，通过特殊的表现手法达到内心情感与景致相融合的思想境地。

1. **诗歌文体的特征分析**

文学是对社会生活本质和现象进行的形象、集中、概括的反映。诗歌通过高度凝练的语言，其对生活的概括性更为突出。诗较之于其他文学体裁，更为凝练。而浓缩与凝练，正是诗概括生活的基本特征。

（1）诗歌中信息高度浓缩，感情张力足。诗歌可以在极为短小的篇幅里概括尽可能多的生活内容与思想感情。例如，唐代诗人李绅的《悯农》（其一）：“春种一粒粟，秋收万颗子。四海无闲田，农夫犹饿死。”诗歌以“一粒粟”化为“万颗子”，具体而形象地描绘了丰收景象，与两手空空惨遭饿死的农夫形成鲜明对比。

（2）诗歌的意蕴挖掘深。诗人于平凡中巧妙地挖掘出生活的本质和规律，独具慧眼地发掘出深刻的主题。例如，唐代诗人王之涣的《登鹳雀楼》，先写登楼远望，天幕苍茫，落日西沉，放眼一望无际，远处群山起伏，令人生起深沉苍茫之感。次句写黄河奔腾咆哮

而来又滚滚而去东归大海，表露无限赞美慨叹之情。后两句写登楼的感受，“欲穷千里目，更上一层楼”，表现出了诗人积极进取、高瞻远瞩的胸襟，揭示出只有站得高才能看得远的主题，蕴含着要开辟新境界，看到新天地，就需要不断努力，勇于攀登的哲理，耐人寻味。

2. **诗歌文体的阅读重点**

（1）情感。抒情性是诗歌的主要审美特征。情感是诗的天性中一个重要的活动因素。充沛的生命情感是创作诗歌的先决条件。诗人在生活中受到外物的刺激时，其内心的情感也会随之而变化。诗人会将情感的转变借物抒发出来，以诗歌作为情感的载体来感染他人。

抒情是诗歌中最常见的，也是最不可缺少的情感元素之一。不论诗歌的题材是什么，均是抒发诗人情感的载体。从古至今，优秀的诗歌作品无一不包含浓郁而真挚的感情。不论诗歌中想要表达的是诗人的何种情感，优秀的作品都会撼动人们的心灵。

间接抒情是通过借助对外界人、事物或景物的描写，来抒发人的情感。它主要是利用物体或景色抒发诗人的情感。在诗歌的描写中诗人不会直观地表达情感，而是通过对景物注入感情的方式，情景交融，寓情于景，更自然地流露出内心的情感。

（2）语言。诗歌不仅是情感艺术，更是一种语言。如“晚节渐于诗律细”“语不惊人死不休”“两句三年得，一吟双泪流”“一句坐中得，片心天外来”，这些经典的句子是在表达“每一首诗歌的创作过程均需要诗人进行反复的推敲”这一道理。

诗歌语言还具有一定的模糊性质，这是与哲学语言相比较所得出的结论。例如在形容山的时候可以写作“山若眉黛”，在形容女子形象的时候可以写作“杨柳小蛮腰”。“人比黄花瘦”中，诗人将“黄花”等原本有形态的物体形象进行模糊处理，也正是这种模糊才能得到带有朦胧感觉的美妙形容。利用数字做文章的诗人也很多，例如“桃花潭水深千尺”“飞流直下三千尺”。这些数字并不是精准的数字，因此所表达的情绪也会被模糊，说不清喜怒哀乐。但正因为这种将情感模糊的方式，在表达上反而会给诗歌增添特殊的韵味。

诗歌的节奏指的是在朗诵诗歌时，由声音振动所发出的带有韵律的节拍，简单概括就是人们在诗歌朗诵时的抑扬顿挫。节奏是一首诗歌的生命和形态。诗歌节奏的改变影响诗人情感的变化以及诗歌的内容。每一首诗歌的节奏都有它独特的欣赏价值。著名诗人李商隐的一部分诗歌作品比较晦涩难懂，但即使对于内容理解得不够透彻，人们也能够通过诗歌的节奏韵律感受到诗歌的优雅。例如最经典的《锦瑟》，即使在忽略诗歌内容的情况下，诗歌的节奏也给人一种哀怨忧伤的感觉。

现代的诗歌在创作过程中摒弃古典诗歌中严谨的格律形式，重新创造出一种符合现代诗歌创作韵律和汉语语言特征的新诗歌形式。比起诗歌的外在形式，现代诗歌更在乎的是诗歌内在情绪的渲染。现代诗歌的韵律以灵活、轻松为特点，因此在创作意境方面更具有优势。例如，著名现代诗人徐志摩在《沪杭车中》这一首小诗中写道：

匆匆匆！催催催！
一卷烟，一片山，几点云影，
一道水，一座桥，一支橹声，
一林松，一丛竹，红叶纷纷；
艳色的田野，艳色的秋景，
梦境似的分明，模糊，消隐，
催催催！是车轮还是光阴？
催老了秋容，催老了人生！

这首现代诗的节奏紧凑仓促，韵律轻快却有规律可循。以紧凑的节奏模拟前进滚动的车轮，通过轻快的韵律渲染飘忽的意境，通过景色的描写表达时间飞速的流逝，使读者仿佛置身在飞驰奔跑的列车上。

诗歌表达中的语言虽然要求精练，但不能事事详细。对于词语和句子之间一些形式上的关联基本没有必要表达出来，通过简单的重点描绘使读者发挥想象即可。正是因为这样，诗歌语言具有很大的跳跃性，但这种性质需要与诗人所表达的情感变化一致，要随着诗歌逻辑和情感的起伏而变化。

（3）意象。在美学的学习过程中，意象是一个基础的内容。它是鉴赏诗词时的常用角度，也是组成优秀文学作品的基本要素。从字面意思理解，意象是被诗人赋予情感的事物。意象在诗歌中主要表现为两个类别。其一，直接意象。这是诗人脑海中对于某一个具体事物的想象，然后将自己的情感寄托在这个事物上。在诗歌的意象中，此类意象最为常见，相比其他意象占比较大，但在特定情况下，诗人碰到相对复杂的情况，难度较高的问题，并且蕴含复杂的情绪时，直接意象难以将其情感表达完整；其二，间接意象。间接意象可以划分成象征意象与比喻意象。比喻意象指的是将类似的事物用来做比较，常被用于对一个事物或者人物的摹状。例如，罗长城的《脊梁》中写到农民时：

一条力的弧线，
一道破土的犁圈，
一条飞来的彩虹，
一架厚的青峦。

使用比喻意象可以把抽象的事物表现得更加具体，可以把没有特定形态的事物表现为具有声音、表情、思想的事物，给读者以深刻的体会。象征意象可以表现一个有具体形态的事物，或者带有特定情感的意象。在诗歌写作中仅描写象征体的内容，未提及被象征事物，可以使得诗歌意味深长。并且，被象征事物和象征事物应当具有一定的关联性与随意感，使诗人可以自由地发挥想象力。阅读者可加入自己对诗歌的感受与理解，使情感和感受力更深刻。

众多的诗歌流传至今，由于其丰富的意象表现力，与人产生共鸣。通过深入分析和理解诗歌，可以更加深刻地感受到诗人的情绪。例如，唐代诗人李商隐在《代赠二首》中写道："芭蕉不展丁香结，同向春风各自愁。"诗中对丁香花的悲伤情绪的表述具有深沉的意味。因此，在解读诗歌时，要细致地体会诗人使用的意象表现形式，感受诗人描绘出的画面，从而把握诗人想要表达的情感。戴望舒在《雨巷》中为阅读者展现出一幅江南小镇的场景。他使用丁香花与雨巷这两种意象来展现姑娘的样子，利用象征的方式来表达情感，让整首诗抒发出一种忧伤的情绪，加上梅雨时节的气氛，让人回味。阅读者可以将诗歌与诗人的经历融合起来，感受诗人的情感。

3. *诗歌文体的阅读技巧*

（1）感知生活中的诗意。现实生活中，不乏美的事物，只是缺少发现美的眼睛。生活中，每个人都有各自的渴望和追求，只有拥有好奇心、童心，才能体会生命中的美。而在阅读过程中，要常充满激情，才能体会作者的感情。任何学习都是一个温故知新的过程，要善于唤醒那些原有的知识与经验，只有多学习和阅读，鉴赏能力才能有水到渠成、顺乎自然的提高，才能感知生活中的诗意。

（2）了解作者以及创作背景。"知人"就是在人们品味诗歌的过程中，了解诗人的经历、创作背景、情感。而从作品中体会当时的社会状态，对作品产生的年代历史更加深入地分析，则为即论世。解析诗人与历史之间的关联，有利于更加正确地把握诗歌的情感和思想，不断品味其艺术特性。例如，王维的《桃源行》中写到自己对神仙生活的向往和痴迷，他脱离精神上的思绪，体现出对现实生活的不满状态。而陶渊明的《桃花源记》中写到他对于频繁战争的痛苦和无奈心情，以及对美好生活的渴望，保持自己高洁的品格，坚持自己的理想。虽然两者均写到桃花源，但是在思维和情感上体现出完全不同的意思。所以，在鉴赏诗歌时，不要仅停留在诗歌的字面解释上，而是要深入时代背景，理解诗人写诗时的情感和意图，才可以更加深入地走进诗歌。

（3）对诗歌的内容展开联想想象。鉴赏诗歌时，阅读者可以按照自己的品诗习惯，利用自己的想象力去品读，体会诗人想要表达的情绪和抒发的情感。诗人无法在诗歌内容中展现出所有的内容，因此需要进行一定的深度剖析来理解诗歌的含义，这也使得阅读者可以在原有的基础上继续诗歌创作。对同一首诗不同的人会有不同的感受和理解，这取决于阅读者自身的思维和品诗水平。不同的阅读者会有不同的经历，对诗人的感受自然也不同。不同的原因在于，阅读者的欣赏能力有差异，想象能力也不尽相同。

（二）寓言文体阅读能力的培养

“寓言，即将一个深刻的道理寄托在一个简单的故事中以达到劝诫讽刺的目的”①。寓言作为一种文学体裁客观存在，在语文教学内容中占有一席之地。回顾这几年的教学研究，我们更多地关注小说、说明文、散文等文体的研究，面对篇幅短小的寓言却有所忽略，觉得它太短，内容又简单，一读就明白，没什么研究深度。但我们面对的是一个可塑性极强的群体，小学生的世界观、生活态度、情感、思维等都还未形成，而寓言正是可以运用的一个载体，通过一个简单的故事，用诙谐的、有趣的语言去浸润学生的心灵，帮助他们形成健康的人格以及正确的价值观。

“寓言”，即“寓意于言”。“寓”就是包含、寄托的意思。把一个深刻的道理或教训寄托在精练生动的故事里，就形成了寓言。寓言故事是以假托物或自然物为对象，用拟人手法来说明一个深刻道理。换言之，寓言指的是用象征与讽喻手法表现一种深邃道理的一种文体。

在小学语文课本中，寓言体裁的课文是比较多的，有中国寓言，如《郑人买履》《刻舟求剑》《自相矛盾》《揠苗助长》《画龙点睛》《井底之蛙》《叶公好龙》等，有外国寓言，如《狐狸和乌鸦》《狼和小羊》《狐狸和蝉》《狐狸和葡萄》等。描写人物的，称为“人物寓言”，如《刻舟求剑》《郑人买履》等。有通过人物、动物之间的对话，来揭示寓意的，称为“动物寓言”，如《酸的甜的》《井底之蛙》等。这些寓言，大多数来自《伊索寓言》，通常是通过动物的故事折射人类世界。

谭达先在《中国民间寓言研究》中指出：“寓言的篇幅一般比较短小，叙述和描写时，很少用烦冗松散之笔；语言非常准确、精练、生动，在一篇故事中有的语言还具有特殊的幽默感、风趣性和寓意性。”毋庸置疑，寓言寓意深刻，一般而言，寓言的主题具有鲜明的哲理性，如《揠苗助长》揭示了做任何事情都要按客观规律办事，不能急于求成的道理。另外，还有《坐井观天》《亡羊补牢》《狐狸和乌鸦》《画蛇添足》《我要的是葫芦》等，这些短小的故事传达了一定的寓意，哲理思辨，性质鲜明，具有哲理性、讽喻性的特点。

---

①柳舒．小学阅读课程文体研究［M］．成都：西南交通大学出版社，2019：94.

1. 寓言文体具有的寓意

寓言是寄托着深刻含义的短小故事，有其鲜明的艺术特征。寓言的文本特点主要有：一是寓言的主题（寓意）；二是寓言的比喻（即“故事外衣”的设计）；三是寓言的艺术形象（新颖程度和概括水平）；四是寓言的语言（简练的口语、短小精悍的篇幅）。其中，正确揭示寓意是核心。寓言具有寓意性，且这些寓意对儿童的价值引导又具有两面性，因此，面对寓言这种文体，语文教学应该采取怎样的姿态是相当重要的。一般而言，寓言教学以学生读懂故事为表，理解寓意为里，联系实际为真。

2. 寓言文体的阅读原则

寓言的阅读教学过程应当遵循两大原则，以此更加准确地把握寓言的教学内容，这两大原则分别是“语文味”和“寓言味”。语文课程中的寓言课，首先是语文课，因此，寓言课先要有“语文味”。语文味体现在：第一，对语言文字等基础知识的学习；第二，必须注重语文综合素养的提高；第三，语文活动的开展。小学阶段的语文学习离不开字词的学习，离不开语句的训练，更离不开段落篇章的把握。小学阶段的语文学习是听、说、读、写能力全面兼顾、综合发展的过程。一线的语文教师在语文课的寓言教学中时刻不忘落实掌握字词、句段等主要学习目标，大方向的把握是对的。然而，不忘“语文味”并不是掩盖“寓言味”。作为一种独特的文学体裁，寓言在语文课堂上的独特价值和魅力应该被广大一线教师所认识并突出。在课堂阅读教学环节中突出“寓言味”应做到以下三点。

（1）不忘寓言的文体特点，掌握寓意是重点。寓言是通过拟人、比喻、夸张等手法虚构的故事，讲述道理。它具有故事性和寄托性双层结构。因此，寓言课教学不可能撇开故事性，如果只学习它给人的教训，那语文课等同于思想品德课；也不能撇开寄寓性，只了解故事情节，舍本逐末；而应该视寓言的故事性与寄寓性为一体，还寓言文体的本真，注重通过寓言的故事性去分析寄托的道理。

（2）研究故事形象，分析故事情节，深入感受寓意。这个过程是展示“寓言味”的重要环节。在这个过程中，教师要紧紧抓住“比喻”这一关键词。“比喻”是将故事与寓意，将虚构与现实链接的桥梁，是寓言的奥秘所在。寓言通过比喻将形象、故事和道理连接。教师带领学生理解“比喻”的过程，正是感受寓言的奥妙的过程。这也是寓言课堂不同于其他课堂的关键点。因此，语文课要体现“寓言味”，从形象到故事再到道理，逐一分析，环环解扣的过程不可忽视。

（3）拓展延伸，发掘资源，训练到点，提高素养。寓言的学习不能仅仅停留在对原来寓意的理解上。随着时代的发展，当初创作时寄托的寓意有的已经不适用，当然，有的寓意仍然闪烁着智慧的光芒。因此，寓言教学应该在原意的基础上进行生发，内化为每一个学生心中独有的寓言体验。这个内化的过程需用到的“说一说你的感受”和“写一写”的方式，既是对个人感受的牵动升华，又是扎实的口语训练和语言积累。

3. 寓言文体的阅读要求

小学阶段的学生，年龄从6岁到12岁，其形象思维占优势。好奇心是产生兴趣的内驱力，也是学习的动力，寓言故事生动有趣，情节虚构富于变化，正切合小学儿童的心理特点，满足学生阅读的兴趣。

（1）低段“寓言文体”的阅读要求。

第一，低段阅读教学目标。①学习用普通话正确、流利、有感情地朗读课文。学习默读；②结合上下文和生活实际了解课文中词句的意思，在阅读中积累词语。借助读物中的图画阅读。对于低段学生的阅读教学，重点在于让学生练习朗读，积累运用词句，通过有趣的故事训练表达。

第二，低段寓言教学的目标。从对寓言文体的认识来看，寓言有些类似于故事类文本。它包括人物、情节、道理三个要素。对于低段学生而言，可用四个词来概括故事类文本的教学目标，即语感、复述、创编、品格，具体指：①利用故事富有韵律的语言，培养学生的语感；②利用故事跌宕起伏的情节，培养学生复述的能力；③引导学生想象，培养学生的补白能力；④引导学生学习寓意，培养学生良好的品格。当然，这四个要点并不是要在一堂课中全部呈现，而是根据学生的学情，有所侧重、不同程度地渗透。对于低段学生而言，寓言教学和故事教学一样，重点应放在读故事、讲故事上，通过阅读积累运用所学词语。

（2）中段“寓言文体”的阅读要求。

第一，反复揣摩语言的节奏、故事情节的变化以及故事人物说话的语气、语调，从而让学生感受寓言的趣味性和文学性。

第二，引导学生在归纳推理中明白寓言故事所蕴含的寓意，从而进一步提高学生阅读寓言的能力。

第三，引导学生由此及彼，从语言的内容发散开去，再借助相似寓言，让学生概括和推理出寓意，促进学生概括能力和逻辑思维能力的发展。

对小学低段学生而言，重在指导其感知寓言故事，感受语言形象。学生进入中段后，已具备了一定的阅读能力和学习能力，能够自主阅读比较浅显的寓言故事，感受寓言的形象，此时的寓言教学可以寓意的理解为目标，重在讲述与推理。

（3）高段“寓言文体”的阅读要求。学生进入高学段后，其抽象思维逐步得到发展，并具备了一定的逻辑分析能力，浅显的故事内容已经无法满足他们的阅读需要，此时引导他们概括寓言的情节、分析寓言的结构，能够进一步调动他们的阅读兴趣，促进他们抽象思维的进一步发展，提高寓言阅读的品质。因此，第三学段的寓言教学，应当引导学生关注寓言故事的结构方式，引导学生进行寓言结构的阅读与分析，读出寓言作品的特点，品出寓言作品的魅力，让学生从阅读理解走向阅读鉴赏，同时以寓言文本为例，引导学生学写寓言，进行语言的实践运用，以进一步提升学生的语言表达能力。

4. 寓言文体的阅读方式

寓言文本有很高的德育价值，有利于思维的发展，有利于学生展开丰富的想象，同时还具有很高的美育价值。具体到语文素养方面，寓言在阅读方面也有很大的资源开发价值。

读是理解的重要阅读方式，它是连接故事与学生之间的纽带，要让学生走进故事中，应该先让他们充分地阅读故事。

（1）朗读。纵观现在语文教学，课堂上强调思、辩、写，缺少了一种声音，那就是最朴素、最本真的学生朗读声，我们常常呼吁回归语文本真，读就是本真，出声的朗读可以让学生走进人物的内心，倾听人物的对话，甚至把自己也当成故事中的角色，感同身受，从而更准确地理解文字的意蕴。

（2）角色对读。读可以是放飞自我的大声朗读，也可以分角色对读。理解不同角色时，这种分角色朗读既可调动学生阅读的兴趣，也可以帮助学生体会不同人物的性格特点。教学实践中，我们发现不论是低段、中段还是高段的学生对这一阅读方式都非常喜欢。

（3）默读。默读是一种无声的阅读方式，学生在读文的过程中不受声音的干扰，只有视觉的冲击，在视觉冲击下，学生的思维开始活跃，能独立思考。这种阅读方式更适合高段的学生，因为他们已经具备一定的自学能力，抽象思维能力强于低段的学生，他们有自己的见解。

（4）对比读。在教材的编排上，低段多为单篇，中高段多为寓言二则，多篇同时出现。根据教材编排特点，针对高段学生可以采用对比阅读教学，让学生通过对比两篇文章的内容与表达形式去发现两者的异同，训练学生的思维能力。

（三）童话文体阅读能力的培养

童话是儿童文学的一种，通过丰富的想象、幻想和夸张来塑造艺术形象，反映生活，促进儿童思想性格的成长。一般童话故事神奇曲折，内容和表现形式浅显生动，对自然物的描写常用拟人化手法，能适应儿童的接受能力。

1. 童话文体的特征分析

一般体裁的文章，在选入教材之前，它的阅读对象是不确定的，至少不是明确指向儿童的。但童话不同，无论是否选入教材，它都态度明晰地将阅读对象定位在儿童上。这是童话这一体裁的本质性特征，这一本质性特征体现了儿童在童话以及童话阅读中的主体性地位，也规定和制约着童话在人物塑造、情节安排以及表现手法选取等方面的特点。因此，童话最首要的目的就是适应儿童的审美能力与阅读兴趣。富有儿童情趣的童话，多是风趣、幽默，呈现出游戏色彩的故事。满足了孩子们好动、好奇、好冒险的天性，给孩子们带来了精神与心理上的快乐，童话也就自然地赢得了孩子们的青睐。当然，这种强调“儿童性”，突出儿童作为阅读主体的特点在世界优秀童话作品中体现得更充分也更典型，如《安徒生童话》《格林童话》等。

童话是一种完全虚构的文学样式，童话中的人物、环境、情节都是幻想的产物。童话的人物是虚构的。无论是常人体、拟人体还是超人体，童话的人物形象都是现实生活中所没有的，都是幻想的产物。小学语文教材中童话的人物形象主要是拟人体的，把动植物、物件，或者自然现象人格化，赋予其人的思想情感、言语行为等。而幻想对童话来说，不仅是一种表现手法，表现手段，它也同时构成童话的内容与环境。在童话故事里没有物理空间的束缚，没有过去与未来的阻隔，童话通过幻想创造了另一个虚拟的世界。幻想常常与假设、夸张、变形等手法共同出现，使幻想中的事物呈现出似真似幻、富有趣味的张力，变得更活跃、更生动，从而建构起一个神奇迷人的童话世界。

2. 童话文体的阅读要求

（1）低段（1~2 年级）的阅读要求。在小学低段的语文教材中，童话的选材多以拟人体童话为主，篇幅短小，情节简单，主人公以小动物为主；童话阅读与识字、写字密切配合。新课标中对小学低段童话教学提出明确要求：阅读浅近童话，向往美好的情境，关心自然和生命，对感兴趣的人物和事件有自己的感受和想法，并乐于与人交流。

童话是要用来讲的，讲故事符合童话以“故事”形式存在的特点。学生在讲、演、复述、分角色朗读故事的过程中，体验角色，感受意蕴，理解文本。一个故事通过讲述所提供的情感、语言、思想的要素，会给孩子成长提供各种各样的养分。讲故事尤其应作为低年级童话教学的重心，这是低年级学生的特点所决定的，因为低年级学生还不能从主题、人物、情节、语言、结构等方面去分析童话。对于低年级学生来说，通过故事能让他们记住鲜明的形象就是成功。

（2）中段（3~4 年级）的阅读要求。到了小学中段，教材选文多以知识性童话为主。能复述叙事性作品的大意，初步感受作品中生动的形象和优美的语言，关心作品中人物的命运和喜怒哀乐，与他人交流自己的阅读感受。可见，新课标中非常重视学生在阅读时能有自己的思考与感悟。老师可以让学生就某个人物谈谈看法，这是人物评述常用的简便做法，即让学生说一说喜欢哪个人物，或者不喜欢哪个人物，根据是什么。也可以进行假设性想象，变化情境或者某个外部条件，让学生想象人物会作出怎样的举动，依据有哪些。这个假设性想象是把人物评述包含在其中的，学生没有对人物比较到位的把握，就不可能作出合理的想象。人物的评述也不能标签化，教师更不能从外部强行牵扯，必须建立在学生对人物形象的个体认识以及相互碰撞的基础之上。

（3）高段（5~6 年级）的阅读要求。到了小学高段，童话类文体仅有为数不多的几篇，也都以民间童话和经典作家童话为主。而小学高段更多地关注学生对童话作品的自我感悟，阅读叙事性作品，了解事件梗概，能简单描述自己印象最深的场景、任务、细节，说出自己的喜爱、憎恶、崇敬、向往、同情等感受。在交流和讨论中，敢于提出看法，作出自己的判断，是新课标对高段童话类文本教学所提出的要求。儿童喜爱童话，天然地亲近童话，愿意编创自己的童话。教师便可在小学高段安排学生写童话。而写的童话，可以是与所读童话密切关联的，一种是扩展的，如添加新的情节，另一种是超越或者重构的，如改变结局或改变人物关系等。也可以根据生活现象，或者想象，或者主题，或者人物等，让学生自主创编童话故事。

3. **童话文体的阅读方法**

阅读童话故事要感受作品中生动的形象和优美的语言，关心作品中人物的命运和喜怒哀乐，了解事件梗概，能简单描述自己印象最深的场景、人物、细节，说出自己的喜爱、憎恶、崇敬、向往、同情等感受。语言、人物形象和儿童自己的阅读感受是课标在童话阅读时所重点关注的。

（1）感受人物形象。童话离不开人物，童话所塑造的经典形象，如拟人体的《丑小鸭》中的丑小鸭让人坚强，常人体的《卖火柴的小女孩》中的小女孩让人内心柔软而慈悲等，它们是构成儿童认知世界的一种方式，增长智慧的一种凭借，滋养心灵的一泓清泉。阅读童话就是要带领学生走进童话人物的内心，利用移情、换位思考、问题探讨等方法，整体地把握人物的性格、品质，关注细节从多个角度描摹人物多侧面的特点。

（2）感受语言模式。童话使用的是文学性语言，或者幽默风趣，或者充满诗意，特别是拟人体的运用使童话中人物语言亲切有情味，贴近孩子。童话的语言具有形象性的特点。教学中，我们要善于把这一类语言标示出来，引领学生揣摩语言，交流语言感悟，逐步培养学生的语言感受力与理解力。童话喜欢用反复的语言。这种反复符合 6~12 岁孩子的言语认知特点，为言语生长提供了契机。教学时可使用停顿、猜想、补写等方法，让学生进一步感知、了解与把握这种反复的言语。反复也经常运用在童话的结构上，教师在教学中要有意识地帮助学生理解这种结构特点。童话的语言是一种儿童化的语言。特别是在拟人体童话中，万物与人同一，一样思考，一样说话，一样生气或高兴，让学生感同身受。

（3）滋养想象力。童话在保持儿童爱幻想的天性、激发儿童的想象力方面有着不可替代的独特作用。童年期是培养、发展想象力的最佳时期，通过阅读童话，儿童得以在幻想与梦境的世界中自由翱翔。学生想象力的培养不仅可以通过童话阅读实现，也可以利用创编童话故事来实施。我们可以通过再现故事场景、想象人物心理、续编故事情节、改写故事结局等方式来创编童话。这不仅可以锻炼儿童的故事想象力，也通过创编的体验激发儿童故事想象的兴趣。

（4）培养儿童智慧。虽然童话是幻想，但却根植于现实，折射着社会与生活。儿童通过阅读童话，可以认识社会，形成对是非善恶的判断力，培养面对困难的勇气。

二、文体意识下的小学语文阅读能力培养

“在阅读教学中加强文体意识，并不是要具体、系统地讲解文体知识，而是在引导品读其主题、结构、语言、表达方式时，简要、适当地介绍并渗透不同文体的特点，让学生了解不同文体的规定性，从而培养阅读的自觉意识，提高阅读能力”①。

（一）关注不同文体的写作目的与意图

不同的文体，其写作的目的是不同的。了解一些文体的写作目的和写作意图，有助于阅读时透过文字表面，直接把握文本的主旨和基本的情感。如寓言，通常是通过拟人化的故事来讲道理，表达寓意是其写作目的。阅读寓言这一类文体必须理解文本所蕴含的道理，“理解寓意”是阅读的关键。童话是运用丰富的想象以及拟人、夸张和象征的手法来编织故事，写作目的是通过富于幻想色彩的故事表达人们对真善美的追求，“展开想象”是阅读的关键。说明文则是运用一定的说明方法和准确的语言，来说明事物的特点或说明一定的事理。写作目的不同，文体就不同，明确这一点，学生在阅读时的思路会更清晰，更容易把握文本的主旨和情感。关注不同文体的写作目的和写作意图，能提升对文本的整体感知能力。

①陈海燕．加强文体意识：PISA 视野下对小学阅读教学的思考［J］．广东教育（综合版），2018，（2）：41.

（二）关注不同文体的篇章结构与思路

记叙文一般按事情发展顺序来写，议论文则以提出论点再加以论证为写作常规。例如,《通往广场的路不止一条》和《真理诞生于一百个问号之后》这两篇课文的标题似乎都在表达一种观点，文章也分别都写了三件事情，但文体不同，其篇章结构就呈现不同的特点。《通往广场的路不止一条》一文按时间顺序叙述了三件事情，最后感悟出一个道理。此类记叙文如《钓鱼的启示》《“精彩极了”和“糟糕透了”》等，其篇章结构基本是“故事+感悟”，故事的叙述生动具体，因此在阅读时，先概括故事内容，再找出感悟的语句，即可概括文本的主要内容。《真理诞生于一百个问号之后》一文，首先是提出了观点，然后列举了三个事例加以论证，三个事例是独立的，事例的叙述简明扼要，重点在于议论。小学教材里议论文体不多，还有一篇《为人民服务》，阅读此类文章，要引导学生在文章开头、过渡、结尾等段落中找到作者的主要观点，在叙事中找到议论的语句，才能读懂作者的写作思路，从而提升对文本的整体概括、分析理解能力。

（三）关注不同文体的表达特点与方式

1. 关注不同文体的语言表达特点

例如,《山中访友》是散文，形散神聚，抒情色彩浓厚。“啊，老桥，你如一位德高望重的老人，在这涧水上站了几百年了吧?”“你好，清凉的山泉！你捧出一面明镜，是要我重新梳妆吗?……”抓住这种饱含情感色彩的语言，就能解释作者对山中“老朋友”的真挚情感。区别于散文的心灵独白，说明性文章则注重读者。为激发读者的阅读兴趣，说明文经常运用一些提问的句式。又如,《只有一个地球》:“有人会说，宇宙空间不是大得很吗，那里有数不清的星球，在地球资源枯竭的时候，我们不能移居到别的星球上去吗?”抓住这些提问的语句，就能把握文本要说明的核心内容了。同样是说明文，常识性说明文多用列数字、作比较、打比方等说明方法，语言准确、平实；文艺性说明文则常用拟人化的手法，语言生动、有趣。关注不同文体的语言表达特点，能提升阅读的评价欣赏能力。

2. 关注不同文体的特殊表达方式

在阅读中关注不同文体的特殊表达方式，能让学生在评价与赏析文本的主题、形象、表达等方面有独到的体会与认识，提升评价赏析能力。小说在小学教科书中占有一些篇幅。小说以刻画人物形象为核心，注重情节的推进与环境的描写。例如，《桥》一文是小说，文中开头对洪水的描写，运用了比喻、拟人、夸张等修辞手法，但这种修辞手法的运用是渲染环境，环境描写对人物的刻画起重要作用。如果我们只是简单地作为修辞手法来学习，就不利于解释人物形象。《桥》的悬念设计，是小说文体的一种独特表达方式，出人意料的结果，更能起到震撼人心的效果。又如，《临死前的严监生》中两个手指头的细节刻画，出现了多次，不断推进情节的发展，深刻揭示出严监生的吝啬。每一种文体都有其独特的表达方式，诗歌讲究韵律，多用反复、对仗等手法；神话想象神奇，多用夸张手法。

关注不同文体的特点，加强文体意识，在阅读教学中渗透文体知识，有利于改变小学阅读教学现状，更有助于提高学生阅读的自觉意识和自主能动性，提升感知、分析、欣赏、评价等阅读能力。

第二节 小学语文不同学段阅读能力与结构培养

一、小学语文不同学段阅读能力培养

（一）小学低段学生语文阅读能力的培养

依据低段学生心理发展特点与思维发展特点，并根据低段学生的阅读能力层级来确定培养的阅读策略，我们建构出符合小学低段的阅读策略。低段的核心阅读能力为语言理解能力，主要培养孩子进行兴趣型阅读。从这一阅读能力层级的发展来看，低段学生的阅读重在提取文章信息，理解文章图画、语言、内容。因此，小学低段的阅读能力培养应致力于提高学生对于文本的理解能力，学生要学习的阅读策略应有利于提升阅读的提取信息能力，由“随意性阅读”“浏览性阅读”逐步过渡到“有意性阅读”“重点性阅读”。基于以上认识，可以把小学低段语文阅读能力培养核心策略的研究重点定为“预测策略”“摘要策略”和“自我提问策略”。

1. 小学低段学生语文阅读能力培养的预测策略

在《汉典》中，预测是指在掌握现有信息的基础上，依照一定的方法和规律对未来的事情进行测算，以预先了解事情发展的过程与结果。预测的方法与形式多种多样，例如，现代科学在对现有信息资料进行精密分析后，所作出的对自然状况的预报，以及各种理论学说对人类社会发展的推断。它包含两种基本含义：预先推测或测定和事前的推测或测定。

“预测”用于阅读中，是一种重要的阅读策略，是读者在阅读发生前或者阅读过程中，对后文的唯一结果进行的先行猜想。在预测的过程中，并不需要严格遵循线索的指引，其预测结果正确与否可以在后文的阅读中进行验证。

以“预测”策略进行阅读指导，在目前来看虽是新兴事物，但实际上，它却早已是非常普遍的阅读策略。所有阅读无碍的读者在阅读有情节的文章时都会不自觉地进行预测，如看封面预测故事内容，看内容预测情节，看插图预测谁会赢得比赛，看细节预测故事的结局……预测的内容，往往是读者最感兴趣的。读者带着预测浸入文本，从字里行间抽丝剥茧，一窥故事的秘密。

通常而言，在阅读文本时，预测策略可分为四个步骤并循环反复：首先是根据题目、封面等内容所提供的直观信息，大胆猜测课文内容，形成读者自己的初步预测；其次是阅读文本内容，找到可以佐证的线索，验证阅读前的预测；再次是在确定的线索中修正预测；最后，形成对内容的有根据性的理解，梳理文章的线索及内容设置，做到了解文章、了解作者的创作意图。越往纵深阅读，读者又会再次根据新线索的出现继续预测后续发展，形成新的预测。简而言之，就是反复着“预测—寻找线索—修正—理解—再次预测”的思维建构过程。

预测可以分为方向预测和结构预测。方向预测指借助文章的标题预测文章的体裁和主题思想。结构预测指利用文章段落发展的方法，预测导读全篇的主题段和段落的发展的方法、预测导读全篇的主题段和段落的主题句及其他所需信息。阅读教师根据文章的标题进行方向预测或结构预测，然后获得学生的反馈，进而要求学生阅读文章来证实并修正他们的预测，最后达到真正理解的目的。

预测能力是阅读教学中的重点能力之一，它也是激发阅读兴趣的重要方法之一，它是图式理论在阅读理解中的具体应用。读者根据已有知识图式和文章内在联系的有机联想，不断地对文章的主题、体裁、段落结构进行预测，进而从客观上把握文章的主题和写作思路，有效地提高做题速度和准确率。

预测是自我观照的一种学习，它让阅读者照见会阅读的自己。预测策略能引导孩子经历真实的学习历程，激活学生生活与阅读文本的真正联系，使学生真正拥有了学习的主动权，有了思索感悟的机会与时间。但这种模式更适用于阅读教学的初级阶段，而且教师在运用预测策略引导学生阅读时，要以下注意事项。

（1）在进行预测的过程中，教师必须对学生进行必要的引导。教师需要引导学生通过仔细观察图片，提取信息并结合自己的经验，来帮助预测，不能放任学生自由想象，否则就会偏离文章的内容、主旨，无法达到阅读教学的目的。同时，教师又要鼓励孩子结合自己所获取的内容和想象进行大胆猜想，特别是鼓励内向、敏感、不善言辞的孩子。这实际上是对文本信息内化加工的过程，有助于提升学生的信息理解能力。但如何把握“猜”的度，使学生“猜想”而不“妄想”，这需要教师有深厚的教学功底和良好的课堂教学应变能力。

（2）在进行预测教学时，教师的提问要有针对性，让学生有方向性的猜测。这样才能让学生在预测中激活自己的背景知识，初步学会运用自己的背景知识和文本信息之间的关联性来感知文章内容的方法。教师通过预测、验证、修正、再预测等一系列的教学活动，检验学生理解文本的层次，提升学生的创新能力和思维的严谨度。

（3）预测阅读教学的难点是让学生通过文本循序渐进地验证自己的假设是否正确。在这一环节中，教师不但要关注学生深入文本、联系生活实际作出预测的过程，更要教会学生预测、验证、修正、再预测的方法。这实际上是一种思维品质和能力的培养。这样一种思维品质，既是一种思维严谨性的追求，更是迈向更高阶的思维——批判性思维能力的必由之路。

2. 小学低段学生语文阅读能力培养的摘要策略

摘要又称概要、内容提要。摘要是以提供文献内容梗概为目的，不加评论和补充解释，简明、确切地记述文献重要内容的短文，其基本要素包括研究目的、方法、结果和结论。总而言之，摘要是用简洁的语言将文章的主要内容叙述出来，让读者快速把握文章的主要思想，是理解概括文本的一种重要的阅读策略。

摘要需要注意：读者先要删除不重要与重复的讯息来找出文章的主要概念，并透过语词归纳及段落合并浓缩文章的内容，再以连贯流畅的文字呈现文本初始的意义。摘要用于各段（意义段），再整合成全文摘要。“摘要”策略能促使读者将注意力聚焦在文章重点上，忽略较为不重要的细节，并将文章中各重点联结统整，形成有意义的整体理解，更能有效促进读者的阅读理解。

在具体的阅读教学中，教师要慢慢引导学生善用适当的关键词，用关键词帮助他们提取重要信息，回忆重要内容，建构更完整的摘要框架，搭建起学生在文字和内容间的输出、输入的构架。

（1）摘要策略的主要步骤。运用摘要策略时，主要有三个步骤：粗浏览，巧删除，慢整理。

第一，粗浏览。阅读一篇文章，先大略浏览，标示段落句子，标示文章段落，初步感知文章内容。

第二，巧删除。细细阅读每个自然段中的词句，巧妙分辨每个句子、段落的主要意思，删除句子中不重要及重复的讯息，再删除段落中不重要及重复的讯息，最后，删除不重要及重复的段落。这个过程犹如大浪淘沙，将繁杂的段落及文本内容删繁就简，留下文章中重点关键的内容。

第三，慢整理。分类归纳叙述情节及文章的重点，加上连接词，整体排成一段通顺的话。

以上三步中最难的是如何分辨并保留文章的关键之处，以及关键语句一般藏在哪里：①藏在文章标题之中。题目是文章的眼睛，文章的标题可以预测文章的主要内容和叙述方向。有的题目点明了主人公，如《小蜗牛》；有的题目指出了主要事件，如《比尾巴》；有的题目概括了主要内容，如《青蛙写诗》；有的题目提示了主要描写对象，如《我的小书包》等。②藏在附加问句之中。部分的科学文章会出现有问号的句子，附带着相关的答案，这种句子叫作附加问句。这些接在问句后的文字往往都是文章的关键主旨。如《明天要远足》一课中最后一句“到底什么时候才天亮呢？”就体现了主人公的期待和着急的心情。③藏在列举项目之中。当文章中出现“一、二、三”或“首先……接着……最后”等列举项目时，这些项目是经过作者分类过后的重要讯息，也是文章的关键。④藏在重点字词之中。抓住文章中的重点字词可以帮助找到关键的句子，并能准确把握文章的主要内容。

（2）摘要策略的注意事项。摘要是摘要者从学习内容中找出重点，并作扼要叙述，影响其成效的因素众多，主要包括以下内容。

第一，文章的类型。长篇文章较短篇文章难以选择与统整观念，难度愈高的文章，愈难被精简浓缩。文章的复杂性也影响了摘要的效果。复杂的文章，如包含罕见字汇、精致的句子结构、抽象的观念、不熟悉的观念、不相称或缺乏内容明确的组织体，在选择各段落的重要性时，更需要摘要者深思熟虑的判断。所以，摘要者要阅读适合其年级程度和思维程度的文章，摘取文章大意时才能更顺手。

第二，学习者的条件和态度。在学习者的条件方面，随着年级的增加，学生更能正确完成大意的提取。也就是年级越高，学生越能准确抓取文章关键，越能以自己的话写出文章大意。

第三，不同文体的摘要策略。摘要策略的运用，还要考虑以下不同文章的题材。

一是，写人的文章。阅读这类文章可以根据“人、地、事”三要素来进行摘要。如《大禹治水》一文，描写的是大禹带领村民治理可怕的洪水，三过家门而不入，表现了大禹英勇无私的形象。

二是，叙事的文章。阅读这类课文要抓住事情发生的时间、地点、人物和事情的起因、经过和结果。如《乌鸦喝水》以“喝水”为线索，描写了“无法喝水—想办法喝水—喝到水”的过程，将聪明而充满灵性的乌鸦表现得淋漓尽致。

三是，写景的文章。阅读这类文章要抓住写的是哪些景物，景物有哪些特点，按照哪个顺序描写的，再进行概括。如《黄山奇石》，作者按照观察的顺序，描写了“仙桃石”“猴子观海”“仙人指路”“金鸡叫天都”的样子，表现黄山奇石令人叹为观止的景象。

四是，状物的文章。阅读状物文章要抓住写的是哪些事物，从几个方面写它的特点，怎样写的，如《恐龙的灭绝》依次描写了关于恐龙灭绝的说法：严寒、宇宙行星撞地球、哺乳动物偷吃恐龙蛋、传染病、气温下降等。

在教学时，教师不仅要教会孩子如何运用摘要策略，还要关注运用摘要策略阅读时的注意事项，才能更好地引导孩子活学活用。

3. 小学低段学生语文阅读能力培养的自我提问策略

自我提问策略是指：阅读者在阅读过程中，为了促进对所学知识的理解，主动地从元认知层面监控，调节自己的学习，主动提出问题的行为，它既是一种外显的学习行为表现，也是学生有意识地在学习中加以运用的策略。

“自我提问策略”经常和“理解监控策略”连用，它能协助阅读者确认自己是否已经了解文章意义。但在现实课堂中，学生往往习惯了老师问、自己答的上课模式。关于课堂提问的研究也主要集中在教师提问，对学生课堂提问的研究明显不足。事实上，学生课堂提问的作用是教师提问所无法取代的。课堂上学生的自我提问能使学生更积极主动地监控自己的阅读，更能有的放矢地提出自己在阅读过程中出现的问题，更能感受到自己是学习的“主宰”，记忆也更长久。在此教学模式训练中，虽然每学期的考试难度逐步增加，但学生的考试成绩却稳步上升。因此，“自我提问策略”的教学是对传统阅读教学模式的尝试突围，其价值目标指向“教阅读”与“教方法”。我们必须引导学生增强对阅读的基本目的与具体要求的意识，学会灵活运用这种自我提问的监控策略，使之成为阅读认知活动的内在动力与调节机制。

小学阶段是学生具体、形象思维发展的黄金时期，也是抽象思维萌芽和生长的重要时期。在小学语文教学过程中，学生思维能力的发展是我们关注的焦点。因此，引导学生学会自我提问，既是重要的教学手段，又是激发学生积极思维的发动机，更是促进思维能力发展的助推器。无疑，将“六何法”作为一种自我提问的具体操作方法，运用到学生课堂自我提问的设计中，不仅有助于学生将已有的知识经验，结合教学内容的知识结构，设计有层次的问题链，优化提问的质量，而且可以帮助学生在认识和理解知识的来龙去脉中得到思维能力的提升和发展。

从教师方面来看，首先，要解决一个观念问题。要真正树立“以学生为主体”的教学思想，就要相信学生有独立提出问题、分析问题和解决问题的能力。因此要在平时保持民主平等的师生关系，在课堂创造和谐愉悦的课堂氛围，让学生在宽松、自由的环境中，表现出寻根究底、积极提问的强烈欲望，做到真正敢于提问。其次，应发挥教师的主导作用。要引导学生的提问和答问能够紧紧围绕教材的重点与难点而进行，要善于激发学生学习语文的心灵之火。在整个教学活动中，教师要真正做到“道而弗牵，强而弗抑，开而弗达”。只有这样，学生才能真正做到善于发问。再次，要求教师对教材相当熟悉，因为学生提出的问题涉及面很广，可能有些问题的提出是出乎教师意料的。教师只有准备充分、备课深入，才有可能对学生提出的问题给予恰当的评价，而不至于感到棘手或措手不及。最后，自我提问策略的学习应该体现梯度，有层次地训练不同年级的学生提问。

从学生方面来看，首先要去掉依赖教师的思想，要努力培养自身的积极探索的精神；其次，要充分预习教材，要事先设计好一两个有质量的问题，并作出答案；再次，要学会运用教材本身的提示、注释、课后练习及单元知识来设计问题；最后，学生自我提问策略并不是在课堂上一蹴而就的，要达到学生自觉、熟练地运用自我提问策略，更重要的是要求学生在课外阅读中有意识地对此策略进行充分练习。为巩固学生所学策略，教师可以给学生布置硬性任务。例如，在课堂上借助《小猴子下山》学习了“六何提问法”后，在课后便可再补充阅读其他的童话、寓言故事，进行自我提问训练。久而久之，学生就会养成对自己的阅读进行自我提问，从而实现学生对自己的阅读过程和阅读材料，从“外控”到“内控”、从“他控”到“自控”的自觉监控。

总而言之，自我提问有助于培养学习者的自主阅读能力。所以教师在课堂教学中要多把提问题的机会留给学生，在日常加强对学生进行自我提问的训练，使学生更加主动积极地参与到阅读活动中，与文本进行最大限度的交流，从而提高学生的阅读理解能力和自主学习能力。

（二）小学中段学生语文阅读能力的培养

阅读活动也是一种思维活动。在阅读思维能力上，中段学生独立性和创造性阅读思维在不断增强，能借助感知觉、记忆、思维、想象等多种心理活动参与阅读，并能经过不断分析、概括、比较、推理、判断、综合等活动加深对阅读内容的理解。但是对文章的欣赏、评价，以及创造性阅读等能力有待提高。对文本的感知仍然较为浅淡，对文本结构中的因果关系无法建立有效连接，逻辑思维和分析推理能力有待培养。中段的核心阅读能力为内容概括能力，中段阅读能力培养策略具体如下。

1. 小学中段学生语文阅读能力培养的联结策略

“联结”在现代汉语词典中解释为“联络”“联系”或“结合”。“现代教育心理学之父”桑代克提出“联结说”这一概念，即学习即联结，心即是一个人的联结系统。换言之，学习的实质其实就是在情境与反应之间形成一定的联结。联结策略是指以阅读文本为原点，挖掘文本中蕴含的文化因子的辐射作用，以师生为资料链接的双主体，共同探寻相关阅读材料，并在这些参照文本的交互印证下，或体验，或证实（或证伪），或演绎文本中已有的观念，使阅读的触角伸向文本的文化源头、作者的生命体验、学生的生命体验。通过联结，让读者不再仅仅停留在原有认知和理解的范畴，而是架设一座从“已知”通向“未知”的桥梁，从中获取新的信息、激发生命体验、获得情感感悟、产生文本共鸣、主动建构文本意义，从而提升学生评价、鉴赏、运用和迁移等阅读能力。

(1) 联结策略的运用方式。在文本阅读过程中，联结策略主要包括尝试与文本信息联结、与相关文本信息联结、与已知事物和其他资讯联结、与学生生活经验联结这几种方式。具体可从以下方面进行操作学习。

第一，联结文本相关信息，培养获取信息的能力。信息的获取、推论、建构与概括表述的能力是小学生阅读素养优劣的重要体现之一。“与文本信息联结”简而言之，就是能联系前后句段，联系上下文，从相关句段中联结有关信息，综合理解，从而获取信息进行阅读理解。

一是，联结文本相关信息，理解词语的意思。文本中词语的意思可以联结文本相关信息加以理解。在教授《乡下人家》一课，为了让学生理解“别有风趣”的意思，先说一说“别有风趣”的字面意思是形容事物有别样的、特别的趣味。然后引导学生与文本联结，讨论文中哪些地方写出了“别有风趣”，此时学生从文中提取信息“搭一瓜架、爬上屋檐、花儿落了、结出了瓜”写出“别有风趣”。这样，将词语理解与文本内容联结，引导学生反复阅读文本，在文本理解、自我感悟的过程中培养语文素养。

二是，联结文本相关信息，体会关键词句表情达意的作用。在体会文章主旨时，需要人情人境地深入文本，联结文本中具有含义深刻的词句。在教授《跨越海峡的生命桥》一课时，教师让学生快速阅读“移骨髓”“得救”两部分内容，思考谁为谁架起了一座生命桥。学生交流理解，找出关键句“那血脉亲情，如同生命的火种，必将一代代传下去”，理解了李博士为小钱和台湾青年架起了一座生命桥，两岸同胞用爱心架起了一座跨越海峡的生命桥。这样，通过联结文本相关信息，学生体会到“跨越海峡的生命桥”指的是两岸同胞的爱心、血脉亲情，他们的情感逐步升温，走进文本的内涵，体会到关键词句表情达意的作用。

三是，联结文本相关信息，品赏词语的感情色彩。在品赏词语感情色彩时，一般要联结文本相关信息，再结合平时的积累，从而体会表达效果。例如，学习《花的勇气》这篇课文，“泛滥”一词较难理解，它是作者表达对四月维也纳感到失望的重要词语。老师在教授这一课时，可以先通过启发学生联结文本，理解它在这里指草地上绿色连着绿色，看不见其他色彩，非常单调、枯燥。

第二，与另一本书的相关信息联结，培养感悟情感的能力。与另一本书联结，能让学生“跳出”原有的认知，通过熟悉的一本课外书的某个文本信息，了解阅读文本中与之相似却比较难读懂的意思。如在《去年的树》一课教学中，为了理解树对于鸟的意义，感悟树与鸟之间的深厚情感，老师可以引导学生阅读《小王子》片段。

第三，与已知事物和网络资讯联结，培养评价鉴赏能力。评价鉴赏能力是阅读素养中层级最高的能力，也是阅读教学中令教师踌躇不展的问题之一。根据学习情境，借助恰当的联结策略，为学生提供与文本有关的信息、资料，在一定程度上帮助学生揣摩文章的表情达意，将语文学习扩展到浩瀚的课外领域，获意外之喜。

第四，与学生生活经验联结，培养其迁移运用的能力。将生活教材引进文本，联结生活，学生的视野才会更加开阔。

（2）联结策略的注意事项。在传统教学中，对于联结策略的运用也较为狭隘，往往只限于字词的理解等。没有将知识链接成网状，使知识或已有经验呈割裂状或是碎片化。“联结”重在“结合”。运用联结策略，要利用学生原有的认知结构，重视学生一定年龄阶段的心理发展水平，实现学生与文本信息联结、与生活经验联结、与已知事物和资讯联结，使阅读的触角伸向多视点、多角度，让阅读更有广度和深度。

第一，文本选择——基于学生特点突出“趣”味。阅读策略的学习是随着学生年级的升高而循序渐进、不断深入的，并且在“阅读策略”指导课上，因为聚焦一种策略指导和运用，目标集中而高效，但往往容易使阅读课有“理”少“趣”。我们采用的“联结策略”的阅读方法，重在将阅读主题与文本信息、其他相关文本信息以及生活经验建立起联结。但要实现它们之间的交互融通，需要选取一些容易被学生接受的阅读文体为载体。

例如，在“用联结策略读剧本《真假美猴王》”一课中，教师在进行文本选择时，选择了古典神话小说《西游记》中选段，根据其中《真假美猴王》一章改写成五幕剧本。选择此文本，主要原因如下。

一是，《西游记》是家喻户晓且深受广大学生喜欢的经典作品，绝大部分学生对《西游记》已经进行过或多或少的阅读，对人物性格、事件发展有大致的了解，这是进行联结策略阅读的基础。

二是，学生对《西游记》的阅读理解和体会参差不齐。《西游记》层出不穷，学生们阅读的版本不尽相同。这么多种版本水平参差不齐，对学生的启迪和伤害一样大，需要教师的引导，需要教师通过联结策略的启发，选择适合学生阅读的文本。

三是，采用剧本文本阅读并创作剧本符合五年级学习目标，也更能激发学生的学习兴趣。五年级学生已经学过《半截蜡烛》剧本，了解了剧本的一般特点。《西游记》剧本的阅读与创作是对课本中剧本学习的延伸，引发学生再次投入古典文学的怀抱，在文字和影视作品、生活场景之间不由自主地进行阅读联结。

第二，文本阅读——基于联结策略研究突出“理”性。“联结策略”的运用不仅要突出文本的趣味性，还必须兼顾理性的阅读分析，教师要教会学生运用联结策略，让学生在不同知识、经验和思想之间建立联结，从而既让文本“立”起来，让文本的内容情节立在学生阅读的思维中，又可以让文本“活”起来，让文本中的人文精神活在孩子的精神世界里，扩展孩子的精神版图，让孩子充满趣味地在理性建构中习得策略，掌握方法。如在《真假美猴王》的学习中，学生一共经历了以下四个不断递进并纵深的阅读层次。

第一层：学生在拿到文本后，用分角色朗读的方式再现其中一幕文本情境，拉近学生与剧本的距离，将学生带入真假美猴王的文本情境，使读者如身临其境一般，或称为故事的主人公，或称为悬空在实践之外的目击者，激发阅读学习的兴趣，并帮助学生更好地理解文本，复习剧本的文体特征，为之后的创作剧本打下基础，也为剧本创作提供了一个有效的范例。同时引导学生快速阅读文本，概括出《真假美猴王》故事的主要内容，为接下来深入阅读学习做好铺垫。

第二层：在比较真假美猴王的相同点时，引导学生反复阅读剧本，就《真假美猴王》剧本的文本信息上下文之间进行联结，找到前后文之间的内在联系，通过反复阅读文本，检索并比较文本信息，寻找并概括真假美猴王的相同点，运用“联结文本信息”的方法进行反复阅读，逐渐熟练运用“联结文本信息”阅读文本的阅读方法。

第三层：再次引导学生将《真假美猴王》与之前已读的其他文本进行联结，通过理解、回忆、概括过去阅读过的其他文本信息，找出真假美猴王的不同点，将要解决的问题和先备知识联结起来，这时学生的阅读由单篇的《真假美猴王》扩展到整本书的阅读回忆中，并将该文本的内容与其他文本进行联结，对比、概括出不同点，形成新的认知，此时的阅读理解又深入了一层，从文本走进了学生的脑中。

第四层：通过创设情境“这一天，如来佛祖去参加宇宙神仙大会了，没法帮忙分辨真假美猴王，真假孙悟空穿越到现代生活，请你帮忙找出辨别真假悟空的办法”，引导学生综合运用联结策略的三种方法进行剧本创作，把平时生活实际经验、前后文本内容和问题解决联系起来，并迁移运用，能够帮助学生提高读书时发散思维的能力；在创作剧本的过程中，让学生潜移默化地学会在读书时进行联结，并习得写剧本的方法；展示和评价学生创作的剧本环节，再次强化剧本创作中人物语言应符合人物特点的要点，引导孩子在语言文字运用中将阅读收获付诸笔端，创作剧本，再以分角色朗读的形式展现，复原故事情境，让事件“发生”。

经过这四个层次的阅读体验，学生从“读”到“感知”，再到“理解”“运用、创造”，阅读理解从文本走向脑中，又从脑中走向了更高阶的创造和运用。

第三，注重“联结策略”在阅读教学运用中的探索。“联结策略”的教学是对传统阅读教学模式的继承和创新，将学生置于课堂的中心，加强学生与文本的多维联系，以学生的视角去阅读，去体验，去感知，使教学价值取向由“教阅读”到“教方法”。在实际教学中不能机械僵化地使用联结策略，而应与“推论策略”“统整策略”等阅读策略结合使用，从而提升学生的阅读素养。目前看来，联结策略是使用广泛且重要的一种策略，它能够使读者主动建构阅读的意义，让阅读的体验更加丰富。教师还可以从以下方面尝试探索：

一是，尝试根据一篇文章选择更多阅读材料，将联结策略的培养进行串行化、结构化、长程化设计，以一个月四星期，每周一课时共四个课时展开主题阅读教学探索，开发切实有效的培养联结策略的课型。

二是，除了对小说、剧本等形式的文本进行联结策略阅读，还要将绘本、非连续性文本的教学也以联结策略进行尝试，帮助学生形成联结的思维方法。

三是，有针对性地以阅读策略进行阅读理解材料的命题，确保学生阅读能力稳步提升，并注重收集数据，分析原因，从而指导阅读教学工作。

2. **小学中段学生语文阅读能力培养的推论策略**

“推论”一词，词典解释为：从一个或者一些已知的命题得出新命题的思维过程或思维形式。其中已知的命题是前提，得出的命题为结论。“推论”作为一种阅读策略，对国内许多语文教师来说比较陌生。但实际上，不少教师在教学中都会自觉指导学生“推论策略”的具体运用和实施。如“联系上下文或结合自己的生活实际理解词语意思”“结合课文，说出你的观点或看法”这样的学习策略，其实就是“推论策略”的使用。

综上所述，“推论策略”是指用已知的条件或证据，通过一个合理的逻辑程序进行加工，以此对故事的结局、情节的发展、人物的命运、文章观点等多方面进行先行判断。

推论策略的使用要建立在能够正确关注，并提取具体信息能力的基础之上。而借助推论策略的运用，可以对学生进行多方面的语文思维能力的训练，提升学生的语文素养和思维能力。推论可以帮助学生运用现有的线索作为预测，抓住文章的主题，从字里行间体会文章的主旨，也能够帮助学生记住文章的主要内容。推论所要求知的，往往是读者最感兴趣的内容。在日常阅读中，阅读无碍的读者在阅读有情节的文章时，也都会不自觉地进行推论。读者往往喜欢在阅读中根据已有的知识来推测阅读内容的发生、发展和结果，并与实际阅读内容进行验证，从而获得阅读的愉悦感。这样的阅读过程有着不可抵挡的天然的新鲜感和吸引力。对于学生而言，这种推论几乎会贯穿阅读的始终，让他们在期盼、紧张、焦急、兴奋等情绪中进行猜测、分析、判断和推论。

(1) 推论策略的运用手段。推论是人们常用的一种阅读策略。然而，尽管许多读者都能够自觉或不自觉地进行推论，但推论的水平却参差不齐。有些读者的推论有理有据、丝丝入扣；有的读者却在故事中迷失方向，作不出一些有意义的推论，仅凭直觉判断，或人云亦云。因此，将“推论”作为一种策略来练习，使学生将此策略融入自己的阅读实践中，显得尤为重要。教给学生“推论”的方法，提高“推论”的能力，能够有效地激发学生阅读的兴趣，提高阅读的效率，促进学生语文思维的发展。

第一，文章主旨推论，促进想象能力。文章的主题，有时直接标示在题目上，有时则写在文本的中心句或过渡句中。在教学时，可以引导学生先以红笔标注出关键句，再进行统整，便可借由此中心完成推论策略的训练。

第二，据人物特点推论，培养思维能力。例如，在教授《用推论策略读故事》一课中，老师可以选取意大利儿童文学作家姜尼·罗大里的《有三个结尾的故事》一书的《巫师基罗》作为阅读文本，引导学生学习捕捉文本关键信息进行推论的阅读策略，提升学生阅读思维和表达的连贯性、完整性，提高学生对文本中心理解的深刻性和多元性，培养学生的发散思维。

第三，据文本插图推论，提高观察能力。文本中的图表往往是潜藏着大量信息的地方，不能忽略。培养学生观察图画和分析图标的能力不但对其阅读能力的提升，甚至对其个人发展也大有裨益。训练学生的观察力，从绘本开始是一个很好的选择。

第四，据作者背景推论，发展分析能力。许多文章，在阅读时若能联系作者的生平，了解其当时的心境，才能更好地体会文章中所传达的情感。

第五，据已知线索进行推论，锻炼整合能力。我们读侦探小说时，无论是谁，只要翻开看到一起错综复杂的谋杀案，自然要在心中猜测一番，而找到足够的证据验证自己的推论，则是推论的重要过程。例如，在教授《巫师基罗》这一课中，教师先引导学生概括故事，提取出“巫师基罗用什么方法来帮助老妇人做什么”的三条主要信息，结合学生对“基罗是个怎样的人”的个性化理解，有理有据地编写故事的结尾。

(2) 推论策略的注意事项。阅读中，师生常常将“推论”策略与“预测”策略相混淆。“推论”策略与“预测”策略都是作先行判断的过程，都是一种推理，但其实两者有着明显的区别。推论只能发生在阅读过程中，建立在能够正确关注并提取具体信息能力的基础之上，更注重对已知线索的分析，因此对前文信息的正确理解非常重要。同时，推论要求遵从逻辑进行合理的猜想，它一定有线索和道理的支撑。结合推论的线索越多，推论可能越正确。而预测可以发生在阅读前，也可以发生在阅读过程中，可能是没有线索和推理的乱猜。

在实践中，我们发现推论是可以作为一种策略来练习提升的。多鼓励学生进行推论策略的运用，循序渐进，将此策略融入学生日常阅读中，将有利于学生进行多方面语文思维能力的训练，从而有效提升学生的语文素养。但在练习的同时也要注意以下方面：

第一，正确把握年级目标和学情。推论策略的具体运用和实施，并不局限于中段学生使用，它往往伴随着学生的阅读过程无意或有意地发生。因此需要根据不同学段的学生年龄特点、年级目标进行分解。低段学生的推论策略注重结合学生的生活实际，融合学生的想象。中段学生注重对词语、段落和文本等的推理判断。高段注重探究文本背后的内容，更多倾向于判断、分析和辩论。

第二，遵循思维发展的内在趋势。学生阅读能力的发展不是一蹴而就，推论策略的学习和运用也应当严格遵循学生思维发展的内在趋势。随着学生生理和心理的发展，推论策略的实施点应当是由浅入深、由抽象到具体、由共性到个性的发展过程。在内容上可以实现由词到句，再到篇章段落的逐步递进。在使用上引导学生从生活经验开始，注重个人的理解和感受。在推论结果上，鼓励多元化发展，从而拓宽学生思维发展的广度。

3. 小学中段学生语文阅读能力培养的图像化策略

所谓图像化策略就是在阅读时把文本的内容化成脑海中的一个图像。有些孩子擅长用图像来思考，所以图像化对某些孩子来讲也许是一个很好的学习方法。学生可以利用这种方式，将文本转化为一种图像，帮助他理解与记忆。通过这样的方法可以让文本变得更具体、更生动，读者身处在这样一个图像故事里，更能够投入故事的内容中。

孩子拥有天生的想象力，这种图像化的阅读策略根本无须培养。但事实上，图像化阅读的过程，是把抽象的文字转换成具象的图像的过程，是要在文字与图像之间建起一座桥梁。这个过程，对于很多孩子而言并不容易，是需要一定程度的训练才能逐步掌握的，这种训练一般包括以下要点。

第一，创造图像。图像化阅读策略并不等于视觉阅读训练。这里的图像更倾向于一种场景。根据阅读内容形成于脑海中的场景不仅包括视觉方面的形状色彩，还包括听觉、味觉、嗅觉、触觉等更多的层面。场景中的元素越丰富越精细，也就代表着孩子对所读内容的理解越深入，记忆也会越深刻。

第二，分享图像。对于同一段文字材料，每个人的背景知识不同，关注点不同，构想出来的图像也就各有侧重。孩子可以与同学、父母分享自己想象出的图像，找一找自己的图像里有没有遗失什么重要的部分。

第三，鼓励有个性的图像。孩子的想象基于他们自己的生活经历，总会带有一定的独特性。这种具有个性的图像，是应当得到鼓励的。因为如果孩子能成功地将自己的人生经历与阅读内容结合起来，那么阅读材料对他来说，一定是很有触动，印象也会更深刻。

综上所述，我们认为“图像化策略”指的是凭借图片、图表、图示等手段，将直观的图像与感性的文字形象搭建桥梁，在研究中我们发现运用学习地图、阅读坐标图、故事情节图等能够帮助孩子更加清晰地把握文本信息，更好地理解和记忆其所阅读的内容。

(1) 图像化策略的实施方式。

第一，学习地图。“学习地图”可以很好地帮助学生掌握图像化策略。“学习地图”源于思维导图，又叫心智图。思维导图是表达发射性思维的有效图形思维工具，它运用线条、符号、词汇和图像，把一长串枯燥的信息变成彩色的、容易记忆的、有高度组织性的图解，建立记忆链接。

一是“学习地图”的模式。在探究“学习地图”的使用中，有以下基本模式(见表5-1)。

表5-1　“学习地图”的模式

并列式学习地图 ——气泡图	并列式学习地图用于描述事物性质和特征，来帮助学生学习知识、描述事物。在并列式结构文章中，各部分内容间没有主次轻重之分，因此，学生可以段为单位，梳理出关键点，再进行平行连接
递进式学习地图 ——流程图	递进式学习地图帮助学生弄清先后顺序，明白层层推进的关系。小学语文教材中有很多课文呈板块分布，内容清楚明了，流程图恰到好处地体现故事情节发展的关系
对比式学习地图 ——维恩图	对比式学习地图帮助学生对两个事物做比较和对照，找到它们的差别和共同点。维恩图又名范恩图，图中两个圈表示子集合，中间的集合就是共同兼具的内容，两边则表现不同的地方
循环式学习地图 ——网状图	循环式学习地图能直观地呈现知识点间的反复循环的关系，并能清晰地展现知识层层反复的形成过程
变化式学习地图 ——心电图	写人记事的课文和故事，情感变化线是始终贯穿课文的明线或暗线，变化式学习地图能帮助学生厘清情感变化，透析变化的原因，能较清楚地把握文章主要内容及主旨。心电图运用几种色块、几根线条，把看不见的心情“视觉化”，清楚表达作者情感变化过程
分类式学习地图 ——树状图	分类式学习地图主要用于分组或分类。树状图很清晰展示主题，特别在复习中使用，能帮助学生整理归纳一些知识
归纳式学习地图 ——鱼骨图	归纳式学习地图用于相关性的一组事物进行归纳统整，引导学生将一个主题的多篇文章进行对比阅读，把看似无序的信息通过整合对比，提升为系统化的知识。鱼骨图则以鱼身为主题相关内容，进行发散，把新知识不断地纳入（鱼翅），形成了知识的系统性

续表

论证式学习地图——意见桌	论证式学习地图适用于寻找支持观点的N个证据。意见桌的桌面就是想表达的观点，桌腿则是学生寻找强有力的证据

二是“学习地图”的阶段。以上这些都是思维导图的最基本模式，教师还要鼓励学生在学习完每一种模式后自主创造，学生根据文本的内容、特点，加上图画和颜色，创造了“蝴蝶式学习地图”“荷花式学习地图”“火车式学习地图”等，让学习地图变成一幅幅美丽的图画，进一步激发学生探究的欲望，培养了学生结构性思维。比起简单的思维导图更让孩子喜欢，而且在探求和完成各种富有童真童趣的学习地图样式时，学生的学习兴趣得到空前的激发，达到欲罢不能的境界。那么在阅读教学中如何绘图、用图，可以试对学生进行以下三个阶段的训练。

第一阶段：抓关键，聚核心，学习要点概括。“学习地图”依赖于学生对文本内容知识点的正确理解和合理吸收。“学习地图”只是一种外在形式，学生对文本内容的理解、学习和正确把握才是基础。因此，抓住关键词句，聚焦核心内容，并在文本基础上进行有效的信息提取、加工显得尤为重要。可以先从画圆圈图、气泡图、火车图入手，一步一步教会学生画并列结构地图的方法。如教学《香港，璀璨的明珠》这课时，让火车带领小朋友去旅游，指导学生用火车式学习地图将课文的主要内容概括出来。

当然，在“学习地图”的绘制中，关键词句起着不可忽视的作用。我们还要与学生梳理怎样找关键词的方法：①在写景文章中关键词从时间、地点、内容（即写什么？有什么特点？）去查找。②在说明文中，关键词比较明显，一般为各段所介绍的内容。③在写人文章中，根据“人、地、事”三要素来概括。④而在写事文章中要抓住事件的六要素：时间、地点、人物、起因、经过、结果。抓住了关键词句，也就把握住了文章的核心。

绘制学习地图只是完成一半，最重要的还是要引导学生根据学习地图来概括大意，通过输入、输出的过程，有效地训练学生概括主要内容的能力。这样，通过抓关键词句、聚焦核心内容，学习“要点概括”，引导学生初步领悟如何运用“学习地图”的方法。

第二阶段：找联系，学梳理，进行思维训练。寻找联结是绘制“学习地图”，培养结构思维的关键。教师应及时对零碎、分散的知识进行梳理和总结，帮助学生抓住各个知识点之间的联系，从而使它们形成网络化的全景图，并在头脑中形成清晰、简明、直观的知识结构体系。因此，在学生已经初步掌握画“学习地图”方法后，我们将第二阶段的策略目标确定为：找联系，学梳理，进行思维训练。

首先，借助“学习地图”，进行文脉梳理。“学习地图”是列提纲的一种有效方式，对于引导学生揣摩段落或篇章的文脉思路是很有帮助的。

其次，借助“学习地图”，进行内容探究。运用“学习地图”，能够引导学生有效地进行内容探究活动，使学生对文意的把握能够轻快而顺畅地达成。

最后，借助“学习地图”，发展思维的深刻性。童话运用幻想的表现手法讲述最贴近儿童生活的故事，唤醒孩子对真善美的体验，其故事性和审美性是童话的重要特点。利用学习地图探索发现童话故事的写作和审美特性，可以有效解决在阅读学习中只见“树木不见森林”的问题，有助于促进学生思维由表及里由浅入深。“鱼骨图”式的学习地图以故事主旨为鱼身，将相关的事物进行归纳统整，不断把新知识纳入（鱼翅），把看似无序的信息通过整合对比，提升为系统化的知识。

第三阶段：讲运用，重迁移，实现读写结合。“读文”为吸收，学习作者的谋篇布局的方式；“作文”为表达，触发学生的联想，对原文进行模仿借鉴或创新运用。如学习《美丽的小兴安岭》一课，完成本课的学习地图，课后，可以设计《美丽的……》这个作文练习，模仿课文的结构进行篇的训练。学生确定习作对象后，依据地图绘制方法，抓关键词，厘清写作思路，即明确以下问题：文章可围绕哪些方面来写；写作顺序有哪些；哪些详写，哪些略写；各部分之间的关系如何；等等。

第二，阅读坐标图。“阅读坐标图”是一种能有效提取阅读信息的图像化阅读策略，它借用直角坐标系，将阅读要点或关键词摘录下来，以帮助学生提取信息、理解文本、深化记忆。绘制阅读坐标图的过程，实际是阅读和思考的过程，是由“文”到“图”的过程。随着阅读坐标图的绘制、修改与完善，阅读之翼渐渐丰满，阅读理解渐渐深入，阅读能力渐渐提升。

一是，承接型。承接型的阅读坐标图，指的是根据事件的发展和人物的成长，提取关键词加以梳理，这样便于理解文本，感受人物的变化。例如，在教授绘本《彩虹色的花》时，根据绘本内容特点，抓住“遇到的困难”和“提供的帮助”两个维度进行教学，借助阅读坐标图来帮助孩子理解故事情节。教学中循序渐进，师生先共看一节绘本，教师示范如何捕捉信息，学习阅读坐标图的使用，然后再看一节绘本，师生一起完成阅读坐标图的填写，最后听三节故事，学生动手捕捉信息，完成阅读坐标图。运用简单的坐标图，提取、记录阅读要点，抓住阅读的主线，不仅小动物遇到的困难历历在目，而且彩虹色的花对小动物的无私帮助也一目了然。阅读坐标图让信息提取和阅读梳理更高效。

另外，“阅读坐标图”这种阅读方法还适合运用在以心情变化为主线的文章或书本，在一些以人物心理变化为线索的绘本中，用阅读坐标图能快速帮助读者把握事件发展的明线，和人物心情心理变化的暗线，更容易理解人物的成长变化。

二是，对比型。对比型的阅读坐标图，指的是根据事件或人物的前后变化，提取分化点的内容进行记录，以达到对比的效果。例如，在教授《唯一的听众》时，分别抓住故事内容的前后变化（家中练琴遭冷遇—林中练琴遇知音—舞台表演生感慨）、行动的前后变化（不敢在家练琴—林中练琴被发现准备溜走—坚持林中练琴—在家练琴—林中演奏）、心理的前后变化（沮丧—充满神圣感—沮丧—感到抱歉—羞愧—兴奋—洋溢从未有过的感觉）进行三个层级的阅读坐标图的对比，帮助学生理解文本内容，感受到“我”从“不自信”到“自信”的变化，老教授对年轻人成才的勉励作用也就不言而喻。由此可见，阅读坐标图让前后对比更直观。

三是，图表型。图表型的阅读坐标图，指的是对文本中重要的数字、图形进行提取，并按一定顺序进行记录，以达到分析的作用，其主要运用于说理文和说明文。

综上所述，在教学中使用“阅读坐标图”的阅读策略，能有效提高学生提取和处理信息的能力，培养学生的梳理能力和读文的省察能力，能有效提升学生的阅读能力。“阅读坐标图”作为一种将阅读过程和思考过程具体化、直观化的方法，运用于阅读教学中，能够让学生在阅读时掌握方法，把握主线，提升思考技巧，发展学生的阅读能力，从而使学生的学习力得到全面的提升。

第三，故事情节图。在阅读一本书的初期，孩子首先受形象的吸引。小学阶段孩子形象思维大于抽象思维。运用“图像化”阅读策略，引导孩子阅读时展开丰富的想象，将文字描绘的场景在脑海中形成具体的形象，再用图画的形式再现书中的情境，受到孩子的喜爱。

（2）图像化策略的注意事项。语文教学中图像化策略的运用为教学带来了生机与活力，使得原本枯燥的教学更加生动活泼，原本零散的知识点更具结构化与网络化，这样不仅可以调动学生参与学习的主动性与积极性，而且有利于学生对文章的整体把握，更加利于培养学生的思维能力。这正是推进语文教学改革，实现有效教学，促进学生全面发展的重要手段。但在运用过程中要注意以下方面。

第一，多元性，图像化不再局限于某一特定信息传递方式，而是要融合图片、符号、色彩、线段、数字等，信息更加多元化，这样更能引发学生思维的多向性，更加利于学生兴趣的激发与思维的培养。

第二，个性化，学生是鲜活的生命个体，因此在设计与运用图示时也不能局限于固定形式，而是要体现学生的个性化特点，让图示成为学生展开个性化学习的手段，以引导学生创造性的学习，富有个性化的发展。

第三，适应性，不是所有的课程内容都适合画图示，要根据文本的需要来选择，图像化只是为了帮助理解，建立在学生需求上。图像化教学模式融入了传统语文教学中的语文能力训练，但其中以“画纸”“画笔”“颜色”“形状”，容易让部分学生分散注意力，在教学中应注意把握“语文”本质。图像化策略模式的语文课堂，追根到底就是语文课，在把握课文的同时要以培养学生的语文能力，提升语文素养为根本。

（三）小学高段学生语文阅读能力的培养

小学高段是小学学习的最后阶段，也是学生阅读情感体验形成的关键阶段。高段的阅读重在分析、评价文章的内容与思想，并运用从阅读中习得的知识丰富自己的阅读经验。因此，小学高段的阅读能力培养应致力于提高学生阅读的评价运用能力，学生要学习的阅读策略应有利于提高阅读的评鉴能力和运用创新能力，由“文字性阅读”“解释性阅读”逐步过渡到“批判性阅读”“创造性阅读”。基于以上认识，小学高段阅读能力培养核心策略研究重点应该为“比较策略”和“批注策略”。

1. 小学高段学生语文阅读能力培养的比较策略

“比较”一词在现代汉语词典中的基本解释之一为“辨别事物的相同属性异同或高低”。合理的比较包含比较对象、比较点、比较对象间的联系三个因素，内涵丰富而复杂。但从基本内涵可清楚地知道，“比较”存在于思维活动中，是一种认知方法。运用“比较”这种方法与思想进行的阅读活动，我们称为“比较阅读”。比较阅读，是指在阅读的过程中，围绕一定的学习目标，针对某个文本材料（或是字词、句段，或是内容、形式，或是作家、风格等），联系与之相关的内容，从不同角度、不同层次进行比较，经过观察、分析、综合、概括，重新加以排列组合，使之在头脑中形成新优化信息群的思维过程。正是在阅读过程中将“与之相关的内容”不断进行比较、对照和鉴别，阅读者不仅思想更加活跃，认识更加充分、深刻，而且能看到“相关内容”的差别，把握特点，提高鉴赏力。从这一意义上讲，比较阅读是一种积极主动、层次较高的研究型、鉴赏性阅读。

另外，阅读策略就是阅读者为了提高阅读的效果和效率，有目的、有意识地制定有关阅读过程的复杂方案。根据其上位概念的推衍，我们认为比较策略指的是阅读者为了提高阅读的效果和效率，运用“比较”这种方法与思想将两种或多种材料对照阅读，通过比较、分析同中求异或异中求同，经过一个由表及里、由现象到本质、由特殊到一般的思考认识过程从而达到阅读效果的一种阅读策略。

（1）比较策略的运用方法。

第一，增删法。增删法是指在阅读文本中增加或者删去某些词语、句子、语段等，以便与原文进行比较探究的方法。采用增删法进行比较探究，学生不仅提高了炼字炼句能力，而且加深了对课文内容的理解，深刻领会了作者蕴含在字里行间的情感，同时也习得了遣词造句的方法和技巧。

第二，置换法。置换法是将阅读文本的某个词语、句子，换成另一个意义相近的词语、句子，或者改变语段的顺序，与原文进行比较探究的方法。

第三，图表法。图表法是将阅读文本中的相关内容或关键性词语摘抄下来，通过画图或列表进行比较探究的方法。图表法可以将事物的特点和它们之间的异同，直观形象地呈现在学生面前，同时又给学生留下清晰、深刻的印象。

第四，勾连法。勾连法是在阅读文本时，就文本中某个知识点勾连出与之相关的已经学过的知识或者课外知识，并进行比较探究的方法。例如，在执教《桥》时，教师可以引导学生抓住作者描写雨的句子“黎明的时候，雨突然大了。像泼。像倒。”与老舍先生同样写雨的段落，让学生比较阅读，来体会短句子及环境描写的作用；又让学生将《桥》与《“诺曼底号”遇难记》进行对比阅读，比较两个文本中的相同点和不同点，学会读小说要关注细节，最后还引导学生比较阅读《在柏林》《窗外》，发现结局都是出乎意料，从而对小说的特点有较深入的认识。整堂课老师运用勾连法引导学生进行比较阅读，不仅深化了学生对文本知识的认识，而且促使学生温故知新，拓展了阅读视野，并使学生的阅读不断向纵深发展。

第五，假想法。假想法是引领学生凭借自己的阅读经验和写作经验，假想出与阅读文本相关的某些内容，进而与原文进行比较探究的方法。

（2）比较策略的注意事项。

第一，选择有效的阅读策略，不能为比较而比较。无论采用何种阅读策略，只有最适合、有效的，才是最好的。比较阅读只是阅读方法和策略的一种，不能因此而忽视其他的阅读方法。在比较阅读的整个过程中，应根据个人实际情况，灵活运用多种阅读方法，尤其要注意仔细研读材料。研读有利于分析材料的异同，发现材料之间的细微差别。阅读中，要随手做好必要的笔记，以便对照检查、分析鉴别。比较阅读中的笔记形式，可以用表格的形式，也可以用文字叙述的形式，要灵活运用。有一些文本并不适合比较阅读，或者与其他阅读方法相比不占优势，一般不建议采用比较阅读的方法。

第二，重在深化思维、培养能力。比较，自然可以辨美丑、明是非、知好恶、识优劣。然而，小学阶段的比较阅读，最重要的不在比出高下、品出优劣，而在于：通过比同，使事物共同点得以强化，使知识系统化、条理化；通过比较，使事物个性得以凸显，使视野得到开阔。比较是使思维深化的重要手段，比较贯穿于阅读思维的全过程之中。在对材料做比较时，思维必须要有条理性，特别是作宏观比较时，应有比较的侧重点。总而言之，通过比较，实现锻炼思维、培养能力的目的。

第三，确定比较的范围，选好角度。比较的范围和角度的确定由阅读的目的来决定。随着阅读目的千差万别，阅读的比较形式自然也就各有不同。比较，要找出阅读材料中相同点与不同点。这是掌握和运用比较阅读法的关键性一环。只有准确地找出阅读材料的异同点才有可能进行具体的比较工作，达到良好的阅读效果。

第四，注意比较点的选择，因人而异。因为生活环境、性格特点、认知经验、语文素养等方面的差别，同一个比较点，不同人对它的理解、接受程度大不一样，效果自然也就大相径庭。所以，选择怎样的比较材料、内容、角度、方法，一定要符合学生的实际情况。一般而言，“字、词、句”的比较各年级都可以做，但按照由易到难的规律，低年级“字、词”的比较会多一些，中年级“句、段”的比较多一些，而高年级则侧重“段、篇”的比较。

比较阅读，让我们的眼光更深邃，思考更深刻，见解更独特。比较阅读的价值，不仅在于比较这一方法本身的价值，还在于：将厚书读薄，将薄书读厚。拓展课堂容量，将学生的视野从课内引向课外，从一篇文章引向一本书，加大阅读量。恰当地运用比较阅读的方法，让学生长期坚持在比较中阅读，同中求异，异中求同，必能发展学生的阅读、评析能力，发展学生的比较、思考能力，这也将为学生将来的可持续发展打下良好的基础。

2. 小学高段学生语文阅读能力培养的批注策略

在阐释了“比较策略”的概念后，我们理解“批注策略”这一概念会更容易些。在语文课的课堂上，经常会说到“不动笔墨不读书”，这“不动笔墨”就是“批注”的形象化说法。直白地讲，批注就是在文章中的空白处用笔写上对文章的批评和注解，它是我国文学鉴赏和批评的重要形式和传统的读书方法。

批注式阅读是由我国传统语文中的评点式阅读发展而来，分属现代教学论范畴和古代文论范畴。批注式阅读是指在阅读活动中，阅读者将自己的所思、所感、所惑以符号和文字的方式，在文中及文章空白处进行标记和书写，用来帮助理解阅读内容和深入思考的一种阅读策略。

（1）批注阅读策略的使用方法。批注是目前小学中高年级阅读教学中较常采用的学习方式，但在教学实践中，却存在着批注方式单一、效率低下；批注内容雷同、浮于形式；反馈评价不当、缺乏指导等现象。这些现象的存在与传统“批注”的影响、阅读能力培养取向偏差及教师教学策略失当不无关系。在批注阅读教学中，应不同批注方式、视角、评价相结合，做到因文而批、因需而批，从而提高批注能力，提升学生的思维品质，它不仅是一种阅读方法，更是一项思维的训练，一种智慧的启迪，有利于培养学生自主阅读的独特体验，加深学生对阅读文本的理解和思想感悟，是一种“真”阅读。

（2）批注策略阅读的注意事项。批注给了学生潜心会文、涵泳语言、独立思考的时间，有助于提高学生的独立阅读能力。但在阅读中使用时，容易出现“批什么”“怎么批”不明确的问题，且由于批注具有很大的开放性，往往导致批注内容的随心所欲、批注方法的泛化，从而降低了批注效力。因此在运用批注策略的时候要树立以下三个意识。

第一，选择意识。就理论而言，批注策略适用于各种阅读材料，而在现实阅读实践中存在许多问题，其中耗时问题尤为突出。鉴于此对于批注式阅读我们需有一种选择意识，即并不是每种文体都使用批注式阅读，并不是每篇文章、每本书都使用批注式阅读。实践探索中需先搞清楚为了什么而批注，再确定批注什么，换言之必须有明确的批注目的和批注内容，再根据不同的阅读目的和内容选择批注方法。选择意识的引入意在强调“因地制宜”的思想，将批注策略的自主性与开放性的特点最大限度地与阅读需求相融合，同时考虑到阅读者对于该方法有不同程度的把握，先易后难，循序渐进，有的放矢。

第二，问题意识。批注的方法虽有很多，但作为小学生带着问题进行批注更有利于提高阅读效率。引入问题意识让思考方向带有一定的指示性，避免信马由缰的盲目批注。批注式阅读的效率高低取决于问题设置得是否合理。问题的本质是指示性的，它能集中阅读者的精力开掘文本价值信息，所以越明确越合理的问题越有价值，相反大而空或小而精的问题很难有效利用批注达到阅读目的。

第三，交流意识。对同一个阅读材料阅读者的感受是千差万别的，极具个性化，在批注这种“直接的、感性、瞬间”的文字感悟中，难免常出现异读、误读现象，异读、误读有可能是错误，更有可能是对文本新的理解和发现。这就需要通过阅读者之间的交流来实现对阅读理解的深化，对批注是否有价值进行判断。所以，运用批注策略应树立把分散的批注“集中”起来进行分析、思考，或与他人进行讨论。

二、小学学生语文阅读能力层级结构培养

“一般而言，小学语文阅读能力通常分为文本类阅读能力和相关类阅读能力两个部分。文本性阅读能力又被细分为知识阅读能力、理解阅读能力和探索阅读能力：而知识阅读能力往往是比较浅显易懂的，学生通过机械记忆的方式对文章中的生僻字字音、词语的内部含义进行学习，能够提高自身的阅读把握能力；而理解阅读能力和探索阅读能力就属于阅读中比较深层次的内容，需要学生对文章进行深入理解和思考，才能领悟其深刻含义。这一部分内容是当今学校学生比较缺乏的一项能力，所以，教师为了提高学生这一能力，就要开展有针对性的教学活动”①。

就当今我国校园教育模式而言，教师应该提高学生的阅读能力、理解能力以及探索能力，进而帮助学生更好地理解语文阅读知识内容，以此提高学生的学习效率。由于阅读是一项比较复杂的学习内容，小学生在阅读文章的过程中，要结合多种思维方法和阅读方法进行学习。但是，在传统语文教学过程中，教师往往将精力放在了讲解课文内容及分析生

①陈多瑞，张银花．小学生语文阅读能力层级结构的培养措施［J］．学周刊，2021，（34）：137.

僻字、复杂句子让学生进行机械记忆，对于阅读的方法和思路则是一带而过，这就导致了学生在阅读阶段往往只积累了一些生僻字词和名人名句，对于文章内容的理解和探索性的阅读并没有深入开展，起不到提高小学生阅读水平的目的。根据这一现状，教师要从提高学生的阅读能力入手，深层次提高阅读内容的层级结构，在做好知识性阅读教育的基础上加强学生的理解能力和探索水平，帮助学生提高综合阅读能力，为学生日后的学习奠定坚实基础。

小学语文阅读能力层级结构培养的具体策略如下。

（一）建构开放性阅读教育模式

以往我国采取的应试化语文教学方式较为封闭，在这种封闭式的教学过程中，学生对于阅读的功利性较大。所以，学校应该倡导开放式的阅读模式，拓宽学生的视野。例如，可以加强学校图书馆建设，增设专门的阅读课程，以此帮助学生提高学习兴趣，让他们养成良好的学习习惯，同时，潜移默化地培养学生的阅读方向。在应试教育的大背景下，很多学生的学习兴趣往往受到一定影响，不仅起不到帮助学生提高阅读能力的目的，还会破坏学生的读书和阅读习惯。教师要在倡导学生加强阅读的同时，加强对于学生阅读内容的指导。

开放式教育模式从性质上而言是为了提高学生的阅读兴趣和阅读能力，并不是为了学生升学或应试而准备的，这种教学模式不仅能够丰富学生的阅读知识，同时也能培养学生的阅读思维，开阔学生的眼界。所以，这两种教育模式存有明显区别：一是传统教育具有较强的功利性和固定性，没有考虑学生持续的个性需求和兴趣爱好，而开放式读书教育的阅读内容则是学生自发选择的，具有积极性、自主性，学生能够根据自己的喜好自由选择阅读内容，并从中有所收获；二是传统的阅读模式让学生的思维受到局限，学生往往在上课过程中单一概述课文内容、总结中心思想，并不了解文章的真实内涵，而开放性的阅读教育可以让学生感受相关文学作品的经典内容，从中领略文学作品的魅力及文章的内涵和智慧。诚然，传统的读书阅读模式在教育过程中不能被轻易否定和全盘抛弃，要通过将传统与开放式阅读相结合，更好地对教学内容进行开展。

（二）加强学生语文阅读的技巧

阅读内容作为语文学习最重要的组成部分，对于学生语文素养的培养起着不可替代的作用。尤其小学阶段是学生阅读的基础，掌握这个阶段的阅读对学生整个学习生涯的阅读水平有着重要的影响。阅读策略是一种综合性的学习方式，通过语文阅读不仅能够提高学生的识词量，同时也能让学生领悟学习内容的深刻含义，加深对文章内容的理解和认识。

所以在教学之前，教师要通过新颖的教学方式，如读、说、评、讲等多种教学方法，来提高学生的学习积极性，帮助学生养成深入学习和深入阅读的习惯。

让学生在阅读的过程中理解文章的深刻含义。例如，在小学三年级《黄果树瀑布》这一课文中，教师在指导学生阅读的过程中，首先，要让学生进行自我预习，在文章中找出生僻词和难句；其次，辅助学生通读课文，结合黄果树瀑布的美景，以图片或视频等形式，让学生加深对于这篇文章的认识，进而提高学生的学习兴趣；最后，教师再进行总结，通过这种循序渐进的阅读教学方式，更好地帮助学生提高自身的阅读能力。

（三）丰富语文阅读教学的活动

阅读能力的培养是循序渐进的，并不能一蹴而就。所以，除了课内的学习之外，更重要的是要增加学生对课外读物的兴趣，从而增加学生阅读知识的储备量。例如，可以在班级内部设置图书角，订购一些书籍和杂志等，让学生利用下课时间有选择的阅读。同时，也可以组织相关的阅读主题班会，让学生之间充分交流社会热点，帮助学生培养摘抄、摘录和积极思考的习惯，每周定期为学生布置一些阅读作业，帮助学生更好地养成主动阅读的习惯。

综上所述，在小学阅读学习阶段，要想更好地提高小学生的阅读能力，加强其层级结构的培养，教师就要帮助学生在阅读内容中掌握基础知识的基础上，着重培养学生阅读的积极主动性，帮助学生进行阅读素材的积累，使学生认识到阅读的重要性，从而实现语文阅读教育的真正意义，以助学生日后更加全面的发展。

第三节　小学语文教学中学生阅读能力培养方法

培养学生阅读能力的教学方式要尽量多样化，语文教师应通过多种方式进行，同时在设计阅读教学方案期间要根据学生的实际身心发展特点，使学生在较强的阅读学习兴趣基础上，以科学学习方式进行阅读，从而帮助学生在语文阅读学习中掌握更多的语文知识，发展阅读能力及语文综合素养。培养学生阅读能力是小学语文教学中的重要内容和教学目标，阅读能力是学生学习语文知识、发展语文综合能力的基础。小学语文教学中学生阅读能力的培养对策具体如下。

一、注重培养学生良好的阅读习惯

小学语文阅读教学活动的开展过程中，很多教师都会将大量的精力放在教学环节的设计以及教学内容的安排方面，但是所收到的教学效果十分有限。虽然教师在教学中投入了大量的精力，但学生的阅读能力及阅读效果却未见提升，对此很多教师都感到疑惑。导致这一问题出现的原因有很多，其中不仅有教师教学方法方面的原因，也有学生阅读习惯方面的原因。阅读教学中良好阅读学习习惯是必不可少的，很多学生的阅读学习效果不理想，其主要原因便是阅读习惯不良。小学语文教师主要教学目标便是培养学生较强的语文基础，使学生学会学习并养成良好的语文学习习惯，从而达到提升阅读教学效果的目的。

良好的阅读学习习惯需要坚持。阅读学习本身不是一蹴而成的，学生的阅读学习更要以持之以恒的学习态度作为基础，在长期的坚持作用下逐渐积累更多的语文知识，达到较强的阅读学习效果。另外，在良好阅读学习习惯培养过程中，阅读积累是非常重要的环节。部分学生的语文阅读多处于“浏览”的状态，虽然阅读的数量比较大，质量却十分差，主要原因在于学生不善于在阅读学习中积累，这是导致学生语文阅读效果差的主要成因。对此，教师要引导学生以阅读笔记的方式进行学习，将阅读内容中遇到的好词好句进行记录，同时将自己理解不足的词汇进行摘抄，利用互联网、词典或向教师请教等方式将理解困难的词汇进行吸收和掌握，使学生进一步深入阅读内容，从中掌握更加全面的知识，以此达到较强的阅读学习效果。

例如，在小学语文《传统节日》的课文教学中，为了引导学生养成良好的阅读积累习惯，语文教师可以引导学生以自主阅读为主，将阅读中遇到的生字、生词进行记录与积累，继而由教师进行针对性的授课与讲解，使学生掌握词汇的含义。在这一过程中学生的自主阅读能力也能在一定程度上得到有效提升，进而在亲身实践的过程中掌握阅读的正确方法，排除在阅读过程中的外界干扰，全身心地投入阅读活动的开展过程中。在学生对文本的内容有了初步的了解后，教师可以继续引导学生对文本中的思想情感以及文本的写作结构进行分析，引导学生了解文本的写作手法。在学生初步掌握了上述阅读方法后，教师可以进一步拓宽学生的阅读视野，为学生提供一些与本节课教学内容相关的阅读材料，引导学生自主进行阅读。除此之外，教师也可以要求学生结合本节课的教学内容自主进行相关知识材料的收集，并在课堂上为学生留出相应的时间进行阅读成果的展示，如此，不仅学生的阅读兴趣能得到有效激发，还能切实激发学生参与阅读的热情，进而为学生良好阅读习惯的形成以及正确阅读方法的掌握奠定良好的基础，使学生后续阅读活动的开展质量得到有效提升。因此，培养学生良好的语文阅读学习习惯可以通过多种方式进行，充分体现学生的自主意识，使学生在不断阅读积累中掌握更多语文知识，夯实语文基础。

二、科学合理的运用阅读方法教学

从以往教学活动开展的情况来看，虽然课堂教学中教师对学生的阅读引导都投入了大量的时间和精力，但是，学生在阅读效果方面普遍存在着差异，阅读效果提升的速度相对较慢，学生没有掌握科学的阅读方法。阅读学习是学生学习过程中的重要环节，但是并非所有学生均擅长以科学的阅读方法进行学习。阅读学习方法是否科学，直接影响学生的阅读效果与效率，在同样的时间和阅读内容中，部分学生可以获取更多知识，掌握更多写作方法，但是另一部分学生的阅读效果便不是十分理想，原因便在于学生不善于以科学的阅读方法进行学习。教师的引导作用是帮助学生掌握科学阅读方法的重要基础。

语文教师在开展阅读教学工作期间，要避免学生泛泛的阅读，而要引导学生利用科学方式进行阅读。对此，语文教师可以利用问题形式引导学生阅读，通过问题展示阅读内容的重点，引导学生结合问题进入阅读，从中找到问题的答案，从而帮助学生掌握语文阅读的重点及关键词。同时问题教学方法的运用是激发学生好奇心，起到较强启发作用的教学方式。

例如，在小学语文《彩色的梦》一课的教学中，在学生进行阅读学习前，语文教师可以设计与课文相关的几个问题，在问题的答案中突出课文的重点内容，从而帮助学生逐渐掌握探究阅读内容中重点的方法。在本课教学中，语文教师可以设计“课文中彩色的梦具体含义”等问题，使学生根据课文中心思想进行阅读，感受课文的主要内容和重点内容。这种教学方式的运用可以帮助学生及时掌握语文阅读的重点内容，增强学生语文阅读学习效果。科学阅读方法的掌握不仅能有效提升学生小学语文相关知识的学习效果，也能为学生日常生活中以及后续的语文知识学习中高效阅读活动的展开打下良好的基础。学生在掌握了基础的语文文本阅读方法后，在后续的文本阅读中，他们也能主动应用自身所掌握的科学阅读方法进行文本的理解，不仅有利于降低学生日常阅读的难度，也能促使学生主动进行阅读。

三、拓展课外阅读并丰富教学内容

针对小学阶段学生的阅读量，新课程标准提出了明确的要求，但是从现实的情况来看，学生要想真正达到新课程标准所要求的阅读量，单纯地依靠课本中文本的阅读很难实现。而从以往教学的情况来看，学生之所以对小学语文阅读缺乏兴趣，主要原因就在于教师在实际组织阅读教学活动的过程中往往将过多的精力放在课本知识的讲授方面，学生在聆听教师讲授的过程中对文本的美感缺乏足够的感悟，加之受到课本中教学内容范围所带来的影响，学生的阅读需求往往很难真正得到满足。为了有效解决上述问题，教师要有效开阔自己的教学视野，在引导学生充分学习课内教学内容的基础上，还要多引入一些与本节课教学内容相关的课外的阅读项目。

教师可以结合课文阅读内容对学生的阅读能力进行培养。对不同学习能力和不同阶段的学生，教师可以采取不同的课外阅读内容引导学生，使学生感受丰富阅读内容的同时，提升阅读内容设计的效果及针对性。第一，对低年级学生的阅读内容设计，教师可以利用绘本的形式为主，其中包含大量趣味性元素，可以使学生在丰富的插画和文字阅读中掌握更多语文知识，培养学生较强的阅读兴趣，丰富学生的想象能力。第二，“对中年级学生语文阅读教学工作而言，教师要加强注重基础语文知识的积累教学，使学生通过课外书籍中的寓言故事等形式进行阅读学习，使学生掌握更多成语的同时，理解更多人生道理”①。第三，在小学高年级教学工作中，学生的语文拓展阅读可以延伸至多元化的课外书籍，以教材内容拓展、以教材课文的作者进行拓展、以教材课文中心思想拓展等多种方式均适合高年级学生进行语文阅读学习。

例如，语文教师在开展《宇宙生命之谜》课文的教学中，可以为学生提供与宇宙知识相关的阅读资料引导学生进行阅读学习，使学生在丰富的阅读文本中掌握更多宇宙知识，夯实语文基础。因此，根据具体教学内容和学生的年龄、学习特点等多方面因素，为学生设计符合其身心发展特点的课外阅读资料，既可以丰富学生的阅读内容，又可以培养学生的阅读学习能力。教师在小学语文阅读教学活动过程中引入与本节课教学内容相关的阅读素材，不仅能有效拓宽小学生的知识面，从另外一个角度来讲，这样的教学方式还能在一定程度上辅助学生深化对文本内容的理解，使班级中不同层次学生的阅读需求都能得到有效满足，促使学生的阅读效果以及语文阅读的能力真正得到有效提高。

四、拓宽阅读内容促进培养阅读兴趣

兴趣的培养是发展学生语文阅读能力的基础。对阅读学习兴趣不强的学生，教师在开展阅读教学活动期间，要注重以学生感兴趣的内容引导学生进行阅读学习，激发学生阅读学习兴趣，使学生带着强烈的阅读兴趣学习更多语文知识。适合小学生阅读的内容比较丰富，其中包含成语故事、古诗、传统文化故事、科学故事等，此类阅读内容不仅形式是学生比较喜欢的，其中也包含了多元化的教学目标，能使学生在阅读中掌握多项技能。

例如，在小学语文成语故事《揠苗助长》阅读教学中，故事十分生动，学生对其兴趣较强，同时学生在进行阅读学习期间可以掌握其中的生字，理解“揠苗助长”的内在含义。同时对发展学生的情感态度十分有效，能使学生懂得做人和做事要坚持遵循事物发展规律，循序渐进，否则将会造成欲速则不达的结果。此外，古诗阅读、童话故事阅读等内容均十分适合小学生，教师在开展语文阅读教学期间，要注重以丰富的内容作为基础，以此最大限度地激发学生对阅读学习的兴趣和积极性。

①陈翠兰．小学语文教学中学生阅读能力的培养对策［J］．家长，2022（27）：148.

五、将创新教学方式与阅读教学结合

在传统的语文阅读教学工作中，教学方式比较单一，多以学生自主阅读书籍形式为主，固化的教学方式逐渐导致学生的阅读学习效果并不理想。以新课标教学体系为基础，教师可以将创新形式的教学方法与语文阅读教学相结合，使学生感受语文阅读学习乐趣的同时，结合新颖学习方法的运用培养学生理解能力。

例如，在小学语文《开国大典》的教学中，为了提升学生的理解能力，教师可以利用多媒体形式将开国大典的具体情境进行展示，使学生真实地体验开国大典的盛况，理解课文中的关键词语。多媒体形式的运用是促进学生理解阅读内容的有效方法。另外，语文教师可以利用情境创设教学方法、问题探究教学方法、任务推进教学方法等多种教学方式，作为辅助阅读教学形式，以丰富的教学方案开展语文阅读教学，从而增强学生阅读学习效果。但是教师也需要注意一个问题：传统的语文阅读教学方法虽然具有形式单一的弊端，但从实际应用的角度进行分析，其自身依然具有应用的价值，尤其是在引导学生进行语文基础知识学习的过程中，其应用价值十分显著。教师一方面要能充分发挥传统语文阅读教学方法的积极价值；另一方面也要通过新的教学方法弥补传统语文阅读教学方法所存在的不足，进而推动整体教学效率有效提升。

总而言之，在小学语文教学中培养学生阅读能力是基础性的教学目标，在具体实施过程中，语文教师可以结合多元化教学方式和多种阅读内容，使学生在丰富的阅读体系中逐渐形成良好的阅读习惯，掌握科学的阅读理解方法，从而达到发展其阅读能力的教学目标。

第六章　小学语文阅读能力培养的智慧展望

第一节　小学语文阅读课程的课内外再融合

阅读的最终指向并不仅仅局限于语文学科，更不只是阅读测评中的分数，而是一个独立的人用以理解、交流、生存的工具，并最终依赖这个工具塑造其思想和人格。而今，国内各类引导学生将课内文章、方法运用于课外的研究开展得非常热烈，如主题阅读、群文阅读等新型课堂冲击着我们的视野和观念，实现课程内外的再融合成了学生成长中最迫切的需求。

一、根据文体类型实现课程内外的再融合

文章有文体或体裁之分，每种文体行文特点各不相同，如记叙文、议论文、说明文、应用文几个大类，还可细分为小说、散文、诗歌、剧本、寓言、童话、日记、书信、说明、评论等，根据文体类型结合课内外文本，有助于学生迅速掌握读懂此类文体的诀窍和特点。例如，在学生学习议论文“由论据支持论点”的特征时，可以自主选取一些论点鲜明、论据充足的议论文章，与同学共同阅读，发现这一规律，以期对这一原则有更深刻的理解。又如，有些孩子在课堂上第一次接触剧本形式的课文《半截蜡烛》，就非常喜爱，产生了极大的兴趣，在明确剧本的特征之后，自己找来大量剧本，如《莎士比亚戏剧全集》、老舍先生的《茶馆》《龙须沟》等作品开始阅读。

当然，在根据文体类型进行课内外再结合的课程中，文体类型最好划分得更加细致一些，例如，低段儿童诗也可分为颠倒诗、连锁调、绕口令、谜语歌等，这样更能快速明确文体的特点，或者集中某一类都运用了比喻手法的儿童诗、都运用了拟人手法的儿童诗，更有助于孩子快速抓住文体特点。例如，教师在执教儿童诗案例《有趣的连锁调》时，可以选择“感知连锁调的特点”为教学目标，学生会特别喜欢，当再次遇到这样一环扣一环的诗歌时，孩子就会自然地对原来学过的《孙悟空打妖怪》等连锁调进行回忆、联结，在“表演读”“节奏读”“接答读”“拍手读”等多样的诵读形式中，领略“连锁调”的特点和趣味，实现了课内外的再次融合。

二、根据文本主题实现课程内外的再融合

“依据文本主题，应是最贴合生活实际，也是对学生日后生活最有效用的一种方式”①。例如，在教学《草莓新闻》时，教师以“草莓大好还是小好”为主题，组织学生阅读一系列关于草莓的新闻报道，引导学生从阅读中获取信息，理解草莓个头变化的原因，从而作出理性的分析和判断。学生对一件事情或一项事物的理解就是在不断的信息填充中变得更客观、更丰满。依据文本主题或内容可再次融合的议题有很多，如第一学段孩子们感兴趣的某种动物等，在这样的议题中，孩子们都能够主动收集各种资料，如新闻报道、科普专栏、口头介绍稿件等能够成为阅读文本的资料，同时积极进行交流，这样的再融合让孩子在极为有趣的阅读中运用策略，练习阅读。

三、根据作家风格实现课程内外的再融合

作家的风格是作家创作个性与具体话语情境造成的相对稳定的特色，一个趋于成熟的作家，作品常带有深深的印记，读懂了作家的风格，便能读懂他的文字。如鲁迅先生的犀利，海明威的简洁等；欧·亨利的短篇小说惯有结尾出人意料的特征，读之总是令人兴趣盎然，时而拍手称快，时而惊叹不已，这种结局反转的风格也被一些作家所学习。若学生能够做到依据作家风格特征实现课程内外的再融合，说明他们已经理解了这样的方法，也许能够自觉不自觉地运用到自身的写作和表达中。

四、根据其他切入点实现课程内外的再融合

所谓依据其他切入点，实际是指文章的选材并没有硬性的规矩可循，文本只是用以让学生领会“精髓”的范本，只是一个“形”而已，唯有积累足够的阅读量，才能明白需要怎样的范本，有怎样的范本可用，从而建立阅读图示，将最有益的材料纳入其中。如仅以“学习推论”为阅读目的，集中选取一些可读性强的可以进行严密推理的文章就极为重要。再如，以学习诗歌中的“类比”的方法为目的，选择《飞机和小鸟》《萤火虫》《豌豆·蝴蝶花》等几首儿童诗，就能较为明确地看出如何运用此类方法。由此可见，真正的阅读并不是老师抛给孩子一些书，然后进行谆谆教诲，而是需要更多能够自己阅读、自我成长的学生，把时间投入真正有意义的“劳作”中，这不仅在很大程度上能弥补部分家庭教育的不足，更能让学生们明白：读书的目的不是仅仅为了考试，从而在学历教育上再上一个台阶，而是在生命的各个阶段，读书都能够成为自己提升和进步的利器，在书中获得

①吕珈臻．小学语文阅读能力发展策略研究［M］．福州：海峡文艺出版社，2019：217.

解决实际问题的经验。

综上所述，教师要以更高的视野，站在全学科、全育人的角度，架起教材与儿童文学作品、课内与课外的桥梁，系统地梳理出帮助学生实现课程内外再融合的有效途径，进行结构设计，在提升学生阅读能力的基础上，实现课程内外的有效再融合，从而大幅度提升学生的阅读能力。

第二节　小学语文阅读能力发展进阶的实现

阅读能力是以理解为核心的复杂的思维活动，包括认知能力、记忆能力、理解能力、阅读速度能力、言语信息的思维加工能力、阅读程序与方法的掌握能力、阅读中认知策略的运用能力、阅读中联想与想象的能力、对阅读行为的注意以及情感的投入与调控能力。阅读能力的发展有赖于阅读能力的积累以及背景知识的储备，因此阅读能力发展的进阶，一定是各种能力相辅相成的提高。

阅读素养是指，为达到个人目标，增长知识和潜能以及参与社会，而对文本的理解、使用、评价、反思和参与的能力。然而随着时代的发展，人们的阅读方式的更迭也更加快速。互联网的普及让人们的信息量处于前所未有的迅速发展时代，使得人们的阅读目的与方式也悄然变化，主要表现在以下方面。

第一，浅阅读占据了人们阅读中的大部分比例：阅读带上了消遣和休闲色彩，最“热”的文章往往是养生、化妆、烹饪、理财等，人们阅读的随意性增强，浏览代替了精读。

第二，读图时代的来临：社会发展速度变快，人们要适应快节奏的工作和生活，因此只愿意读图、不愿意读字的读者越来越多，同时，受到漫画、快餐文化等理念的影响，商业推广、出版物中使用图片的频率越来越高，图片中所含的信息量也越来越大。读图时代的到来，可能是由两个原因决定的：一是文本的符号特征相比于图像不够直观；二是消费社会的特性，人们都更热衷于追捧视觉冲击力强的形式。

第三，网络阅读的推广：文本的电子化带来了网络阅读这种新型的阅读方式，社会的技术进步使阅读文本不断地发生变化，从印刷到电子信息，更有近年来兴起的各种网络学院、听书软件等，把阅读的变革从视觉带向了听觉等多感官的体验。

当然，现下人人都需要从阅读中获得信息，由此产生了阅读的四种基本情境：个人原因开始的阅读、公共的阅读、职业的阅读和教育的阅读。还有些阅读，可能是以上几种情境的综合。因此，处理碎片化信息，从中甄别出真实、有效、有用的信息成了最为重要的能力。

一、指导学生做“会选择”的读者

阅读不再是老师布置的任务，也不是来自家长的压力，而是习惯和融入社会的必须。人们的阅读行为是自发自愿的，对书籍的选择也有着自己的自主判断，其中最重要的转变，是人们从被动阅读，变为主动的探索型阅读，从“我不得不读这本书”到“这本书中有我想要知道的”，实现知识的联通。阅读的情境不仅仅局限于个人兴趣和消遣，在公共的阅读情境中、在职业的阅读情境中、在教育的阅读情境中，读者都能选择自己所需要的书籍，并且较顺畅地去理解。教师应注意培养学生阅读目录、读前通过目录猜读内容、读后通过目录进行总结的习惯，引导学生了解自己的阅读兴趣，逐步形成自己的阅读品位。

二、指导学生做“会提问”的读者

教师应当将学生提问的水平适当地提升到运用和分析水平，教会学生发现问题的方法，鼓励学生提出问题的勇气，给予学生提出问题的时间。只有善于提问并解决问题，才能使学生完成真正由“读懂”到“会读”的转变。传统课堂的对答模式已经不适于现今的人才培养要求，教师在分辨学生真伪问题意识的最基本的标准应当是：该学生提问的水平是否处在运用和分析水平。因此，教师在传授提问技巧时应做到以下方面。

第一，提问的宽广性。首先是对象的宽广性，每一位学生都是读者，儿童对文本的解读具有自己的视角；其次是内容的宽广性，教师在课堂上花大量时间揣摩学生已懂的知识点会打击学生的求知欲，在备课时尽可能预设更多的问题，保证教学环节的有效性。

第二，提问的目的性。教师不妨在上课之前，统计学生有疑惑的点，将学生的问题按照“可以在课文中找出答案”和“需要思考一会才能得出答案”这两方面进行统计，让学生对自己提问的水平有基本的认识。如果是第一类问题，那么可以将基本提问技巧传授给所有的学生，甚至可以把答案写在黑板上。以《桂林山水》一课为例，教师可以引导学生关注课文的中心句，如“桂林山水甲天下”中的“甲天下”是什么意思，顺势诱导学生进行思考，引导学生观察文章是如何写它“甲天下”的。

第三，提问的差异性。每位学生的认知水平存在着差异，要求教师对学生提问技巧的传授做到层层推进，分层传授提问技巧，还可以引导学生制作提问技巧集，让学生在预习时，将自己的疑问按照提问的水平进行分类，逐步引导他们学会归纳技巧，最终有梯度地提升学生提问的水平。

三、指导学生做“会阅读”的读者

阅读策略，即是一些读者能够自觉调整运用的阅读中可用、好用的方法，老师们在课堂进行策略的教学、训练，是有意识的，伴随着教学目标的，而学生真正能够在平时的阅读实践中根据文本类型、阅读目的自主选择阅读策略，甚至能融会贯通，生发出自己方便使用的阅读策略，才是真正掌握了这些策略的精髓。

图式阅读理论认为：概念只有和个人的已知信息相联系才具有意义，阅读并非单向、被动地接受信息，而是主动建构意义的过程。因此，人们在阅读时除了辨识文字，也在不停地作用于文本，从文本中截取、获得自身想要的信息。人们在学习阅读时普遍重视技巧的训练、策略的选择，却忽视了最基本的迅速自动辨别大部分词汇的技能，而这种低层次的快速解码的能力能够弥补在阅读时缺乏背景知识的缺陷，让读者快速理解文本意义。

从近年的考试试题中可以发现，如果浏览及快速检索信息的能力不足，很可能造成规定时间内无法完成试卷；在实际生活中，如果只能够采用精读、细读的方法阅读文章，在很多情况下，完成每天的工作量和学习任务就成了很大的负担。快速浏览并检索信息的能力也需要得到培养和锻炼，尤其是对于小学阶段的孩子，成为一名“熟练的阅读者”可以在很大程度上补足知识架构，扩充文字的背景知识。

四、指导学生做“会学习”的读者

随着社会的不断发展，可以预言，知识在社会中发挥的作用也将越来越大，在此过程中，人们越来越重视知识的运用，换言之，光有知识是不够的，还必须进行有效的知识管理，能通过了解概念，建立自己的体系，正确地处理知识与知识之间的架构关系，并能够激活知识为我所用，发挥知识的最大效应，这样我们每个人才能达到阅读能力与思维能力的互相转化。

五、指导学生做“会思考”的读者

会思考的读者，是拥有批判阅读能力的读者。所谓批判阅读的能力，在我们看来，不仅仅是读者反驳作者的观点，站到作者的对立面，而更多的是读者独立思考的能力。其中包括了洞悉作者写作的角度，评价作者所引数据的可信度及适用范围，能判断作者是否有曲解概念或忽视某些因素，并能够表明自己的看法。我们所处的是一个信息爆炸的时代，每天网络中的大量信息对我们的生活造成了许多冲击，在这样的大环境下，批判阅读的能力就尤为重要了。

综上所述，所有的学生都应该可以在老师的扶持和引导下，拾级而上，成为会选择、会提问、会阅读、会学习、会思考的读者，到那时，他们的个人发展也能够被阅读推动，而他们也能够让社会舆论更加清明，让社会发展更加协调。

第三节　小学语文自主阅读能力的创新超越

一个人的语文素养要靠长期的大量的课外阅读的积累才能形成，而学生课外阅读成果的收获与习惯养成的关键是培养学生自读自悟、自我创新的能力，亦即先以兴趣引入学生课外阅读之门，然后引领学生采用课内外多种阅读策略自主阅读、自主探索，让学生在“初步理解、鉴赏各类文学作品”和“受到高尚情操与趣味的熏陶、发展个性，丰富自己的精神世界”的过程中，学会发现，学会创新感悟。在阅读策略教学的影响下，学生能够形成以下价值取向：

一、从被动接收转向主动创造

目前的语文教学课堂，大部分学生都是“跟着老师走、按照老师的要求做、读老师要求的文章、以老师的讲解为准”，现代的阅读理论认为，阅读活动是由作者、作品、读者共同构成的“三方关系”的整体，作者是发出交际信息的源，读者是接收和处理交际信息的另一头，而文本正是交际信息的载体，充当着作者与读者之间的媒介。作品的价值，是由读者在阅读过程中得以实现的，阅读过程是读者和文本相互作用的创造性活动。以往的教学，其实存在一个严重的问题：没有阅读主体。阅读不是读者与作者之间通过文本的对话，而是教师与作者的对话，并且把教师的理解强加给了学生。找回阅读的主体，看似简单基本的要求，实则常常不能做到。找不回阅读主体，就无法自主阅读，自主阅读应是一种享受，是读者透过文字对作者的独特理解，因此，找回阅读的主体，是实现自主阅读的第一要务。

二、从兴趣阅读转向意志阅读

学生课外阅读往往以兴趣引入，但仅靠阅读兴趣维持是不长久的，也很容易形成严重的“偏读”“偏科”等情况，要完成课外阅读量、养成课外阅读的习惯，还需学生形成阅读的自觉性、自制力，需要阅读意志来支撑。课外阅读指导在激发兴趣后，还应注重阅读意志的磨炼，使学生从兴趣阅读走向意志阅读。

三、从功利阅读转向经典阅读

小学生喜欢读作文选、卡通画、通俗故事、流行杂志，这是功利性阅读。功利性阅读来自两个方面：一是休闲；二是应试。功利性阅读是需要的，因为在某些时候，它是我们成长的台阶，关键是要将这些信息合理转化，切忌生搬硬套。功利性阅读不能成为主流，要多读经典作品，才能完善我们的人格，丰富我们的文化底蕴。所以，我们要引领学生品味经典，从功利阅读走向经典阅读。

四、从随意阅读转向策略阅读

小学生的课外阅读一般情况下都是浏览、欣赏故事情节。从读书中思考书中之理、品味精彩的少。因此，我们要引领学生把课外阅读指向智能型阅读。我们尤其期待看到在学生学会、能运用阅读策略之后，形成自己良好的阅读习惯，在离开了教师的引导和要求之后也能自觉摘抄精美传神的词、句、段，积累丰富的语言；在读书时独立思考写下书评于空白处；在课外阅读记录本中写下自己的发现与自己的新见解。

五、从领悟文字转向领悟精神

读书的三重境界，就是古人治学所讲究的“厚积薄发”。也许一本经典好书，初读时只读懂了文字和故事，但在人生的任何阶段，对这本书再次“反刍”，总能有不同的感受和领会。这便是从领悟书中的文字走向了领悟书中的精神。在教学中，教师要努力发掘学生的潜力，促进他们个性的全面发展。初能望文生义，死记硬背，可小成。进能变通运用，巧舌如簧，有一得。终能深入浅出，知行合一，方大就。每位语文教师都要能引导学生关注过程性评价，关注阅读的过程和对文本的深入理解，而不是只关心成绩，这样有利于增强阅读效果。

六、从语言文字转向语言文化

语言不能离开文化而存在，文化是语言最重要的属性之一，语言是文化最重要的载体之一，两者交叉渗透。语言是人类历史文化的结晶，它也是文化的载体，承载着文化的方方面面，从风俗习惯到历史发展，从物质文明到社会制度，从价值观念到审美情趣等。人类的知识和经验是用语言来记载，风俗、习惯、行为方式等也要用语言来描述，社会制度、价值体系、信仰、世界观等也需要用语言来表述，语言可以记录文化各个层面的内容，文化同时也影响着语言的发展，二者互相影响、密不可分。语言基本上是一种文化和社会的产品，因此它必须从文化和社会的角度去理解。一个经过训练的成熟的读者，在阅读文字时必然考虑到其文化背景，从而加深自己对文字的理解。

在以往的教学中，我们可能过多地把目光聚焦在语言的学习和传授上，忽略了语言背后所承载的文化，而文化却渗透在生活的方方面面。同是中国人，也常常遇到有些作者在文章中出现的方言词汇使得读者疑惑不解，而作者可能经常使用这类词汇而不自知。因此要想真正地透彻理解文本，语言文化是必须深入考虑到的因素之一。

掌握知识的最关键、最重要的渠道就是阅读。对人的大脑而言，语言学习的敏感时期在16岁以前，其中音韵学习的关键期在幼年，而语法学习的关键期则在6~16岁。因此，我们在基础教育中一定要抓住各种阅读学习的关键期，帮助学生的阅读能力达到一个质的飞跃。让学生成为创新型多元智能者，是我们践行阅读策略教学最期望看到的，也是我们最终的目标。

第四节　融媒体时代小学语文阅读能力评价

融媒体是一种理念，带有综合性特征，不是单一的媒介实体，集合广播、电视、互联网等媒介为一体，为学科教学带来更多电子信息。在小学阅读教学中，教师应用融媒体展开教学评价创设和实践，能够形成丰富调动力量，引导学生展开深度阅读学习，拓宽学习视野，建立系统性学科认知基础。

目前，小学语文教学中存在诸多问题和不足，教师需要做创新探索，解决一些现实存在的问题。特别是阅读教学评价方式的创新实践，能够为学科教学注入丰富动力。“融媒体在教学评价中有广泛应用，教师做好对接处理，针对学生学习心理作出对应评价，能够形成鲜明触动，增强学生学习主观性。学生阅读面普遍较窄、阅读量不足、阅读主动性方面也存在制约因素，教师借助融媒体手段展开调动，能够激发学生阅读兴趣，改变单一陈旧阅读观念，全面提升学生阅读品质”①。

一、通过融媒体信息搜集创新阅读能力评价理念

阅读教学评价方式众多，教师对融媒体评价手段做创新处理，可以建立崭新的激发动力。融媒体是多种媒介的综合体，将阅读学习评价与融媒体对接应用，教师需要有科学设计和组织的意识，找到准确切入点。阅读教学评价有清晰的发展历史，教师要作出梳理和整合处理，以便建立完善的评价体系。传统教学中，教师掌握阅读评价大权，评价方式单一死板。信息时代的快速到来，为阅读教学提供了更多选择，融媒体的综合应用，让教师有了运筹帷幄的机会，建立崭新评价理念，引导学生展开主动阅读，提升学生悦读指数，能够带来全新阅读局面。

例如，在教授《海上日出》一课时，教师可以借助多媒体展示一组海上日出的图片，

①李纪华．借力融媒体创新小学语文阅读能力多维评价方式的研究［J］．学苑教育，2021，(32)：51.

要求学生细致观察，结合文本内容做鉴赏分析，对海上日出特点做归结处理。学生大多没有亲眼观看海上日出的经历，对这些图片进行细心观察，结合教材内容做对接分析。教师借助多媒体展示海上日出的图片信息，给学生感官带来冲击。学生对场景描写做对接思考，对教师设定任务做推演处理，其调度作用更为丰富。特别是让学生自我评价，给学生更多启迪，学生对自身表现做定性评价有一定难度，只能揭示出一些心理活动，形成个性评价体系。

二、通过融媒体情境设置创新阅读能力评价方式

教师运用融媒体创设阅读情境，将评价方式做对接处理，引导学生自然进入阅读环节，突出学生学习主体地位，创建主体或者独立交融的立体评价空间，让每一个学生都得到激励评价的调度，自然形成阅读学习主动性。融媒体包括多种媒体，其操作性更强，推广价值更高，教师要做好创新探索，对评价操作形式做深度研究，推出科学的阅读评价体系，为学生阅读学习带来更多内驱动力。融媒体带有直观性、趣味性、开放性等特点，教师要做好合理设计和规划，利于情境展开教学调度。

学生对融媒体手段应用有选择性，教师需要作出对应设计，让学生顺利启动学习思维。例如，教授《我们家的男子汉》一课时，教师用多媒体播放一段视频材料，学生一眼就看出，这段视频是同行班级同学饰演的课本剧片段。虽然演绎的精彩度不是很高，但学生观看的兴趣很浓，教师作出点拨说明：这段视频是其他班级同学创编演绎的，观看视频时，能够对其表现作出评价吗？可以考虑角色性格塑造、台词设计、动作表情展示等多个方面。学生接受任务后，都能够积极展开思考和讨论，给出自己的评价观点。有学生这样说，饰演“小男孩”的同学表现最好，能够运用童声来表演，其动作和表情也比较到位，说明对角色的理解很深刻。教师参与学生评价活动，给出自己的专业点评。

教师利用多媒体播放视频内容，成功激发学生学习热情。学生对同行班级同学的表现很关注，说明教师情境设计是比较有针对性的，能够抓住学生学习心理，形成对应激发。学生对多媒体展示并不敏感，但对同学表演内容更感兴趣，教师从这个角度展开设计，赢得良好效果。

三、通过融媒体学科对接创新阅读能力评价内容

融媒体与阅读教学评价形成多点对接，能够形成丰富调度效果，语文学科文本内容具有情节性、故事性、人物性，非常适合融媒体的展示，教师借助融媒体展开评价设计，能够形成完美对接，对学生多种感官带来一定冲击，促进学生阅读思维的顺利启动。融媒体在阅读教学中有广泛应用，希沃白板、班班通、多媒体平台和手机 App 等，都为学生阅读

学习提供直接帮助，如果教师借助这些融媒体手段作为教学评价设计，其评价内容会更为丰富而立体，评价激发效果也会更为突出。

学生对演绎性内容有特别的感觉，教师不妨借助融媒体，搜集相关素材内容，为学生作专门推介，对学生形成多种感官的冲击。例如，在教授《铁杵成针》这篇课文时，教师先与学生一起研读文本内容，对情节做梳理，然后利用多媒体播放动画片，要求学生结合文本内容对故事哲理做深入分析。学生大多能够切准题意展开寓意归结，对持之以恒精神重点推崇。为激发学生深度思考，教师推出读后感训练任务，让学生结合现实生活做具体解读，学生开始对接生活现实做思考展示，给学生带来全新学习启示。在课堂展示环节，教师组织学生做读后感诵读活动，让其他学生互评。有学生这样评价：能够抓住主要哲理，但对接现实不够，不能深度阐释生活体验，读后感发掘不够深刻。

教师引导学生观看动画片，形成完整的故事体验，对故事做读后感处理，自然建立反思性学习。特别是发动学生做互动评价活动，给学生带来更多深入思考的机会。学生结合现实生活进行对接发掘，从心灵深处做反思，都能够形成学习感悟和体验。多媒体展示故事画面，其视听冲击力强烈，围绕读后感做互评展示，给学生带来更多思想成长动机。

四、通过融媒体平台建立创新阅读能力评价展示

融媒体在阅读教学中有广泛应用，教师借助融媒体展示阅读问题、内容画面、故事情节、视频音频、动画模拟等信息，对阅读信息进行立体化、电子化处理，对平面文字做立体化展示，学生多种感官参与到阅读学习环节，都能够带来全新学习体验。教师借助融媒体推出阅读评价新形式，要求学生展开网络交互评价活动，学生接受起来更为容易，其调动作用更为丰富。教师展示阅读成果，组织学生信息共享，都带有评价意味，学生会给予更多配合，积极参与其中。

阅读是学生个性学习行为，教师在网络互动平台构建时，要做好全面对接处理，让学生自然进入学习环节，在不断体验中形成认知基础。例如，在学习《宝葫芦的秘密》这篇童话故事时，教师不仅借助多媒体播放动画视频，还给学生设计了网络交互任务：这篇童话故事分为几个组成部分，选择其中一个部分，用自己的话将故事讲述出来，让爸妈帮助录制成故事视频，投放到学科网络交互平台，然后参与互动交流讨论活动。学生对这样的电子作业任务有更高接受度，自然积极响应。教师随时进入网络交互平台，发动学生做观看评价活动，对一些个性化讲述给予更多专业点评。学生对电子作业有特殊情结，教师让家长作出辅助操作，帮助学生顺利展开作业操作和设计，增加了互动学习机会。在网络交互环节，教师作出评价安排和组织，让学生自然展开表演评价，学习交流气氛浓重起来。

多媒体播放动画视频，网络组织交互展示和评价活动，都属于融媒体应用实践，教师

从学习任务实际出发，给学生提供更多学习动机，让学生自然进入学习环节，在不断自我矫正中建立学科认知。融媒体的广泛应用，为学生带来更多学习实践的机会，开阔了学习视野，赢得了学习主动权。教无定法，贵在得法。教师借助融媒体手段推出电子作业，其训练价值更高。

五、通过融媒体生活应用创新阅读能力评价机制

阅读学习不能局限在课内，教师教学评价也需要拓展，融媒体在这些方面有突出的特点和优势，能够为教师和学生带来重要帮助和支持。教师在课内课外阅读对接时，引导学生借助网络搜集阅读信息素材，不仅开阔了视野，也能够培养良好学习习惯。教师推出翻转课堂，对学生展开远程教学，也可以给学生提供更多学习机会。教师与学生进行网络交互活动，对学生学习表现做评价处理，同样可以生成更多调度效果。

融媒体与阅读教学评价相对接，其结合点众多，教师需要作出准确判断，以提升融媒体助学效果。融媒体是重要教学辅助手段，在信息时代有更广泛应用，学生对融媒体的认同感更强，教师在对接处理时，要充分考虑学生接受现实。例如，在教授《巨人的花园》这篇课文时，教师先利用多媒体展示一组图片信息，要求学生做观察对接阅读，结合文本内容，对图片做解读，讲述这篇童话故事的主要情节。学生被话题所吸引，自然进入深度阅读之中。为调动学生学习交流的热情，教师专门推出了网络交互任务："阅读这篇童话，有怎样的感触？"在网络交互平台发布自己的阅读体悟，对其他同学阅读观点做评价。学生听说有网络应用任务，自然有更高参与性，教师准时进入网络交互平台，观察学生的评价，及时作出引导，确保互动交流顺利展开。

教师借助多媒体展示图片信息，引导学生进入网络做交互评价，都是融媒体的综合应用，学生对这些设计都比较受用，积极参与其中展开互动交流，其阅读学习获得丰富成长动机。面对诸多创新评价机制，教师有更多选择，对网络交互平台的调度应用带有创意性，这是比较大胆的设计。

融媒体的广泛应用，为学科教学提供更多便利条件，在阅读教学中，教师利用融媒体做阅读素材整合处理、推出阅读情境、组织阅读活动、促进阅读延伸，学生阅读学习呈现高效性。在阅读教学评价环节，教师利用融媒体手段作形象点评，组织学生做互动交流评价，都能够建立立体评价认知基础。小学生对融媒体有更高敏感性，教师要有创新意识，对融媒体应用手段做创新设计和实践，推出更多新型的设计方案，以有效提升其调度效果。

参考文献

[1] 曾春才．核心素养视角下开展小学语文阅读教学的策略［J］．福建茶叶，2020，42（4）：255.

[2] 陈翠兰．小学语文教学中学生阅读能力的培养对策［J］．家长，2022（27）：148.

[3] 陈多瑞，张银花．小学生语文阅读能力层级结构的培养措施［J］．学周刊，2021（34）：137.

[4] 陈海燕．加强文体意识：PISA 视野下对小学阅读教学的思考［J］．广东教育（综合版），2018（2）：41.

[5] 陈洁辛．小学语文阅读和现代教育技术的结合［J］．科普童话，2018（38）：88.

[6] 陈军．小学语文教学中突破重难点策略研究［J］．新课程，2021（22）：176.

[7] 陈钰枢．"变中守恒"：新课标下小学语文教学的价值取向［J］．教育理论与实践，2023，43（8）：56-58.

[8] 樊敏生，武法提，王瑜．数字阅读：电子书对小学生语文阅读能力的影响［J］．电化教育研究，2016，37（12）：106-110，128.

[9] 高丽凤，于向辉．关于小学语文阅读教学有效提问的思考［J］．语文建设，2021（12）：75-77.

[10] 管贤强，吕煜琳，蒋帅．核心素养背景下小学语文教学观的三大转变［J］．语文建设，2022（10）：4-7.

[11] 何捷．"学习任务群"在小学语文教学中的认识与实践［J］．中小学教师培训，2021（4）：39-43.

[12] 黄先政．小学语文阅读完形教学思想刍议［J］．内蒙古师范大学学报（教育科学版），2013，26（2）：75-78.

[13] 计宇，李广．促进深度学习的小学语文教学设计［J］．课程．教材．教法，2019，39（2）：72-78.

[14] 李纪华．借力融媒体创新小学语文阅读能力多维评价方式的研究［J］．学苑教育，2021（32）：51.

[15] 李莉芸．基于图式理论的小学语文阅读前导活动［J］．教育理论与实践，2016，36（29）：53-55.

[16] 廖娅晖．小学语文教学设计［M］．北京：中国铁道出版社，2018.

[17] 刘吉才．指向表达的小学语文教学［M］．北京：中国书店，2019.

[18] 刘建书．浅谈小学语文课外阅读的延伸［J］．学校党建与思想教育（中），2012（11）：53-54.

[19] 柳慧霞．新时代小学语文阅读能力培养：机制、方法与渠道［J］．基础教育论坛，2022（36）：63.

[20] 柳舒．小学阅读课程文体研究［M］．成都：西南交通大学出版社，2019.

[21] 吕珈臻．小学语文阅读能力发展策略研究［M］．福州：海峡文艺出版社，2019.

[22] 齐进．浅谈小学语文精读课“导学案”设计原则［J］．学周刊：下旬，2013（3）：1.

[23] 饶满萍．小学语文教学设计与实施［M］．成都：西南交通大学出版社，2019.

[24] 他福云．浅析利用讨论法丰富小学语文课堂教学的策略［J］．天天爱科学（教学研究），2022（11）：167-169.

[25] 王惠惠，于忠海．小学语文阅读教学工具化反思［J］．教学与管理（理论版），2016（12）：80-83.

[26] 王文永，董纪敏．小学语文略读课教学的有效策略［J］．教育与教学研究，2011，25（7）：4.

[27] 谢幼如，吴利红，黎慧娟，等．智慧学习环境下小学语文阅读课生成性教学路径的探究［J］．中国电化教育，2016（6）：36-42.

[28] 徐凤杰，刘湘，张金梅，等．小学语文教学生活化的策略与研究［M］．长春：吉林人民出版社，2021.

[29] 郇克会．珍视小学语文教学文本的唯一性［J］．教学与管理（小学版），2022（9）：30-32.

[30] 杨建章，李爱鹏．指向学生思维发展的小学语文视觉化学习［J］．教学与管理（中学版），2023（2）：33-36.

[31] 杨志勇．让阅读成为“悦读”——浅析培养小学生课外阅读习惯的方法［J］．新教师，2022（1）：44.

[32] 姚丹．小学语文阅读智慧课堂的有效构建［J］．现代中小学教育，2021，37（7）：39-41.

[33] 张强．阅读教学中思辨性问题的设计路径［J］．语文建设，2022（16）：72-74.

[34] 张咏梅．小学语文阅读教学中学生描写能力的培养［J］．教学与管理（小学版），2015（4）：42-43.

[35] 赵凌澜．小学语文写话教学研究［D］．桂林：广西师范大学，2017：3.

[36] 赵霞．语境在小学古典名著阅读教学中的应用［J］．教学与管理（小学版），2022（12）：30-33.

[37] 郑建和．如何在小学语文阅读教学中开展“问题导学”教学［J］．时代文学，2014（18）：151.

[38] 郑昭明．小学语文教学：教什么？不教什么？［J］．课程．教材．教法，2014，34（7）：60-65.

[39] 仲伟全．小学高年级批注式阅读教学现状及策略探析［J］．语文建设，2021（18）：73-74.

[40] 仲伟全．小学语文阅读中对话教学的应用探究［J］．语文建设，2022（18）：66-68.

[41] 朱洁如．小学语文阅读理解能力的层级特点与结构优化［J］．上海教育科研，2015（7）：75-77，82.

[42] 朱自强．论小学语文阅读教学的“深入阅读”模式［J］．课程．教材．教法，2020，40（3）：10-15.